Jan 2005

dtv

Über 4 Millionen Arbeitslose in Deutschland. Das ist ein Skandal. Und Rolf Hochhuth gehört nicht zu denen, die wegschauen. Bankvorstände, die zweistellige Millionengehälter einstreichen, Milliardengewinne erzielen und Tausende auf die Straße setzen, sind ihm ein Greuel. Jeder weiß es, täglich liest man es in der Zeitung: In der Wirtschaft vollzieht sich ein Erosionsprozeß größten Ausmaßes. Die Kapitalvermehrung als oberstes Gebot eines globalisierten Unternehmertums läßt die Welt der Wirtschaft als menschliche in Stücke gehen. »Das Bekannte überhaupt ist darum, weil es bekannt ist, nicht erkannt«, sagt Hegel. Bekanntes erkennbar machen: Das gelingt Hochhuth. Daß solches »Erkennbarmachen« in der heutigen Gesellschaft wichtig ist, steht außer Frage. Daß Rolf Hochhuth dabei als Schriftsteller in allerbester Tradition handelt, davon zeugt das zweite Drama in diesem Band.

Rolf Hochhuth, geboren am 1. April 1931 in Eschwege, gehört zu den engagiertesten deutschen Schriftstellern. Mit seiner Frage nach der moralischen Verantwortung politisch Handelnder löste er heftige Diskussionen, aber auch wichtige Veränderungen in der Bundesrepublik aus. Zu seinen bekanntesten Werken gehören: ›Der Stellvertreter‹ (1963), ›Soldaten‹ (1967), ›Eine Liebe in Deutschland‹ (1978), ›Juristen‹ (1979), ›Alan Turing‹ (1987) und ›Wessis in Weimar‹ (1993).

Rolf Hochhuth

McKinsey kommt
Molières Tartuffe

Zwei Theaterstücke

Mit einem Essay
von Gert Ueding

Deutscher Taschenbuch Verlag

Von Rolf Hochhuth
ist im Deutschen Taschenbuch Verlag erschienen:
Wessis in Weimar (11849)

Originalausgabe
Dezember 2003
4. Auflage Mai 2004

www.dtv.de
Umschlagkonzept: Balk & Brumshagen
Umschlagfoto: © Getty Images/Jeff Corwin
Satz: Fotosatz Reinhard Amann, Aichstetten
Gesetzt aus der Stempel Garamond 10/11,5· (QuarkXPress)
Druck und Bindung: Druckerei C. H. Beck, Nördlingen
Gedruckt auf säurefreiem, chlorfrei gebleichtem Papier
Printed in Germany · ISBN 3-423-13134-9

Inhalt

McKinsey kommt

Schauspiel in fünf Akten
mit fünf Epilogen

Vier Millionen

– arbeitslos: Doppelt so hoch die Gewinne,
dank »Effizienz« nur halb so vieler Jobs:
So zynisch ist's im Sinne
der Bosse, die rationalisieren – ob's
auch den Staat erdrückt,
allein die Last der Outcasts zu tragen.
Kein Gewissen, die Herren, die beglückt
freistellen statt – rauswerfen sagen.

Personen in Auftrittsfolge und Doppelbesetzungen

Erster Akt
Mercedes kauft die Oerlikon-Waggonfabrik

Hilde Zumbusch	auch Gräfin
Kurt	auch Brown
Grossvater	auch Vorsitzender
Enkelin	auch Petentin

Zweiter Akt
Rausgeworfene I

Herta	auch Richterin
Inge	auch Demonstrantin

Dritter Akt
»Global Player« beim »Medientraining«

Präsident	auch Schulze-Memmingen
Brown	auch Kurt
Medienberater	auch Wetzel
Gräfin	auch Hilde Zumbusch

Pause

VIERTER AKT
Rausgeworfene II

WALTER
CHRISTA
FRANZ

FÜNFTER AKT
Aktien steigen, wenn Arbeitnehmer fallen

VORSITZENDER	auch Großvater
RICHTERIN	auch Herta
RICHTER	auch Kurt
HILDE ZUMBUSCH	auch Gräfin
SCHULZE-MEMMINGEN	auch Präsident
PETENTIN	auch Enkelin
WETZEL	auch Medienberater
BERICHTERSTATTER	
ZUSCHAUER	

Der Regisseur entscheide, ob er die fünf Epiloge nach dem Beispiel von ›Ende gut – alles gut‹ wie Shakespeares: ›Nachspruch, vom König gesprochen‹, jeweils ans Ende jedes Aktes setzt oder wie den Prologus vor ›Troilus und Cressida‹ an den Anfang oder während des Aktes von einem der Mitspielerinnen oder Mitspieler, die aus der Szene heraustreten, an der Rampe sprechen läßt. Die Epiloge sollen von einem der an der Szene Beteiligten gesprochen werden. Eventuell auch zur Überbrückung des Umbaus vor geschlossenem Vorhang. Jeden der fünf Nachsprüche spricht ein Arbeitsloser…

Erster Akt

Mercedes kauft die Oerlikon-Waggonfabrik

»... unsere Demokratie, die an einem schweren Geburtsfehler leidet: sie bestimmt nur die staatliche, nicht auch die wirtschaftliche Ordnung. Demokratie impliziert Gleichheit der Rechte. Die Bürgerinnen und Bürger sind jedoch nur vor den staatlichen Gesetzen gleich, vor den ›Gesetzen‹ einer kapitalistischen Wirtschaftsordnung sind sie jedoch krass ungleich. Hier entscheidet nicht die Mehrheit, sondern das Eigentum. Deshalb war unsere bürgerliche Demokratie von allem Anfang an nur eine halbe. Und diese Hälfte schrumpft zusehends, je mehr die undemokratische Wirtschaft die demokratische Politik dominiert.«

Arnold Künzli in der ›Basler Zeitung‹ vom 20.9.1996

»Stellen Sie sich vor, Coop und Migros würden fusionieren. Kein Mensch käme auf die Idee zu behaupten, damit entstünde mehr Wettbewerb, das Gegenteil träfe zu. Mit Fusionen werden Konkurrenten beseitigt. Hält der Trend an, wird der Kapitalismus am Schluss seine eigene Marktwirtschaft killen. Sie wird mangels frischer Wettbewerbsluft ersticken.

Am Fusionshochzeitstag lachten die United Banks Switzerland-Mächtigen, wo immer sie gefilmt oder fotografiert worden waren, ihre unbändige Freude ins Publikum. Dabei kostet die Fusion 13 000 Arbeitsplätze oder vielleicht noch mehr, davon 7000 in der Schweiz. Seither beschäftigt mich der Gedanke, weshalb die Herren sich nicht einmal bemühten, zumindest so etwas wie Betroffenheit zu mimen. Sind sie herz- und gefühllos? Das würden beide bestimmt bestreiten. Meine Erklärung: Das System zwingt sie zum Erfolg um jeden Preis – was immer Erfolg bedeuten mag.«

Helmut Hubacher in der ›Basler Zeitung‹ vom 9.1.1998

Im ICE, zweite Klasse. Zwei oder drei – je nach Breite der Bühne – der großen Fenster, vor denen je ein Tisch mit je vier Plätzen an jeder seiner Längsseiten. Am mittleren allein sitzen Hildegard und Kurt sich gegenüber. Die Rampe begrenzt den (zu schmalen) Gang durch den Waggon, das heißt: Die Sessel der Reisenden stehen so nahe wie möglich an der Rampe, fast so nah wie der Souffleurkasten.

Das sanfte Rauschen des schönen Zuges lenkt gar nicht vom Dialog ab; auch nicht der – oft grandiose – Landschaftsfilm bei machtvollem Sonnenlicht, der hinter den Fenstern abrollt, so daß die Illusion erweckt wird, man fahre in Höchsttempo auf der reizvollen Strecke Basel – Karlsruhe. Die Schnelligkeit, mit der die schwarzwaldnahen Hügel, Felder, Weinberge, Weiden, Wälder, Ortschaften zwischen Freiburg und Baden-Baden vorübergehen und zurückbleiben, verhindert, sich auf sie als einzelne einzulassen; das heißt, durch sie dekonzentriert zu werden. Das betrifft ebenso die zwei, die hier reden und einander zuhören, wie die Zuschauer.

Wo das Theater Geld genug hat, kann ein Mitfahrer, können auch mehrere Statisten an dem Tisch (oder an den zwei Tischen) gezeigt werden, die links und rechts neben dem hier mittleren Tisch noch zu sehen sind ... lesende Statisten oder auch ein schlafender, auch ein rauchender ... vor allem zwei mit Kopfhörern, Musikkonsumenten. Ein Buch, selbstverständlich, lesen wenige, höchstens Zeitung ... auch einer oder einige durch den Waggon Gehende, Frauen wie Männer.

HILDE, *Ende Vierzig, elegantes mohnrotes Reisekostüm, Rock.*
Sie lacht:
Wieso sollte es mich stören – rieche sogar gern
Rauch im Haar meines Freundes ...

KURT, *etwa fünfzig, unterwegs zu seinem Arbeitsplatz als Bundesrichter. Er lacht:*
Meine Schadenfreude war unzähmbar, daß die Grünen
aus Landtagen rausgeflogen sind, nach ihrer Forderung,
Benzin müsse das Doppelte kosten!
Daß auch kleine Leute Auto fahren wollen, ja *müssen*,
ist diesen Ökofundis ein wildfremder Gedanke.

HILDE: Auch wirtschaftlich blöde:
Schon vor dreißig Jahren lebte jeder sechste Deutsche
von der Autoindustrie oder ihren Zulieferern.

KURT, *der seine Pfeife gestopft und angezündet hat:*
Ein kolossaler Erfolg für Sie, Hilde,
daß die Regierungshörigen in Karlsruhe
gezwungen waren, Ihre Verfassungsklage
überhaupt anzunehmen – Ihr persönlicher Sieg!

HILDE: Meine Argumente enthalten keinen Vorwurf;
wie ein Lebewesen abstirbt, so die Verfassung:
Die vor einem halben Jahrhundert
das Grundgesetz schrieben, können
in ihrer Angst vor einer neuen *politischen* Diktatur eine
wirtschaftliche überhaupt nicht im Blick gehabt haben,
denn die Wirtschaft lag in Trümmern ...

KURT, *nickt amüsiert, lacht:*
Jede Generation starrt kurzsichtig auf das,
was *ihr* auf den Nägeln brennt.
Die 1948 dem Volk das Plebiszit verwehrten,
fürchteten, Volksabstimmungen machten geneigt,
Diktaturen zu errichten!

HILDE, *lacht ihn aus:*
Sie werden doch nicht geglaubt haben,
die hätten das *ehrlich* gemeint! Einige hatten doch
persönlich fünfzehn Jahre früher dem Hitler
sein Ermächtigungsgesetz beschert und setzten

die Lüge in die Welt, das *Volk* habe den Führer gemacht.
Kurt nickt ernst.

HILDE, *wieder ihr ansteckendes Lachen, das sie charakterisiert:*
So auch mit der Fünf-Prozent-Klausel: Nur Jaspers
– ein Philosoph! hat rebelliert als *einziger*, daß die
Fünf-Prozent-
Klausel nachträglich ins Grundgesetz reingemogelt wurde.

LAUTSPRECHER DES ICE: Verehrte Fahrgäste,
wir erreichen in wenigen Minuten Offenburg.
Dort haben Sie 11 Uhr 58 Anschluß an einen InterRegio
nach Hausach, Hornberg, Triberg und Villingen,
Bahnsteig drei.

KURT: Ja, der Jaspers. Gäb's die Klausel nicht,
wäre Ihre Partei längst im Bundestag! Dann könnten die
Arbeitslosen mitreden, statt daß nur über sie geredet wird.

Geräusch des bremsenden, in den Bahnhof einfahrenden, ziemlich abrupt haltenden Zuges, dann der sich öffnenden Türen.

HILDE: Das Grundgesetz ist veraltet, weil es zwar regelt,
daß wir allein vor dem Gesetz gleich sind.
Nicht aber vor der Wirtschaft, die heute *jeden*
viel stärker im Griff hat. Alle dreißig Jahre
sind *andere* Mächte obenauf. Wenn Don Carlos ausruft:
›Geben Sie *Gedanken*freiheit!‹
war das todesmutig in *seiner* Zeit.
Zweihundert Jahre später müßte er rufen:
Zähmt die Wirtschaft!

KURT, *lacht*: Don Carlos hätte es aber *heute* schwerer
als der frühere, weil die Mächte nicht mehr nur *einen* Kopf
haben, wie damals der König von Spanien,
heute ist die Macht: Banken und Konzerne – eine Hydra,
der einzelne wehrloser.

HILDE: Meinte schon Voltaire: Er werde lieber
von einem Löwen regiert als von zweihundert Ratten!
Bin neugierig, wir haben nun als Finanzminister
einen Sozi, wird der verhindern, daß weiterhin
Mercedes null Gewinnsteuern zahlt?
KURT: »Verhindern«? – Erst der Sozi hat's doch *ermöglicht:*
hat Mercedes erlaubt, weil die Chrysler kauften,
Verlustvorträge bis zu 11 Milliarden zu konstruieren!
Noch Jahre keinen Pfennig Steuer zu zahlen, völlig pervers:
Mercedes hat einen Milliardenkonzern *dazugewonnen*,
doch darf das verbuchen als *Verlust* –
während jeder einzelne, der auch nur das Haus
seiner Eltern erbt, dafür natürlich Steuern zahlt.

Die ›Stuttgarter Zeitung‹ meldete am 17.3.1999: »Detaillierte Angaben über die Steuerzahlungen von Daimler-Chrysler in den letzten Jahren sind nicht zu erhalten.
Der Verlustvortrag von 11,9 Milliarden DM (1997) wurde im Zuge der Fusion mit Chrysler aufgelöst und auf zukünftige Jahre verteilt, so daß er weiterhin steuerlich genutzt werden kann.«

HILDE, *nickt*:
Der Witz, Sindelfingen einst die reichste Gemeinde,
weil da neben Mercedes auch IBM noch sitzt,
wurde zu einer *armen*, weil die zwei Giganten
ihre Milliardengewinne nicht versteuern!

Ein Mann, etwa siebzig, und seine etwa zwanzigjährige Enkelin sind zugestiegen – man hört die Türen sich automatisch schließen. Sie belegen die vier Sessel nebenan mit sich und ihrem Gepäck, ohne die Sprechenden abgelenkt zu haben.

KURT, *lacht*: Trifft auch auf Starnberg zu, die Gemeinde, in der die meisten Millionäre wohnen – weil die keine Steuern zahlen, ist Starnberg total verarmt. Die Millionäre haben Ostdeutschland gekauft, was sie sofort zur Hälfte von der Steuer absetzen konnten.

Der Großvater hat die ›Neue Zürcher Zeitung‹ und ›Blick‹ auf den Tisch gelegt; seine Enkelin den ›Tagesanzeiger‹ und die ›Basler Zeitung‹.

HILDE, *hinter vorgehaltener Hand, leise, amüsiert*: Vier Schweizer Zeitungen … erstaunlich, daß einer, der ›Blick‹ liest, auch die ›Neue Zürcher Zeitung‹ hat …

KURT: Wäre ja trostlos, wären wir Abziehbilder *der* Zeitungen, die wir lesen.

HILDE, *lakonisch*: Sind wir!

KURT, *belustigt mit Kopfnicken zu den zwei Eingestiegenen*: Dem Volk aufs Maul schauen, die erste Pflicht einer Parteigründerin. Hören wir also zu.

So geschieht's: Die beiden lachen zwar, reden aber nicht mehr, sondern nehmen zur Tarnung ›FAZ‹ und ›SZ‹, die sie neben sich liegen hatten.

Prompt lohnt sich das, denn die junge, schöne Intellektuelle redet aggressiv lustig-laut, jedoch in einem sie geradezu entstellenden Schwyzerdütsch ihren in nicht ganz so kräftig ausgeprägtem Dialekt antwortenden Großvater an.

Die Schweizer lehnen ab, ihre Sprache einen Dialekt zu nennen; selbst feinste Hochschulgermanisten sprechen Schwyzerdütsch. Sie bekennen sich also, wie kein Deutscher das wagte, zu ihrem Heimatidiom besonders auch in öffentlichen Reden, weil ihnen Volksmund oder Mundart, nur von Ausländern bösartig Slang oder Jargon genannt, helfen, ihre sprachliche Minderheit im deutschsprechenden Raum gegen das sogenannte Hochdeutsch zu behaupten, das im »großen Kanton« gesprochen wird, den die meisten Schweizer so wenig mögen wie der kleinere Bruder den größeren.

Selbst Walter Muschg, der seine ›Tragische Literaturgeschichte‹ und seine Essays in vorbildlicher deutscher Wissenschaftsprosa schrieb, vermochte verächtlich, weil dadurch eingeschüchtert, zu sagen – obgleich er mit Deutschen, nicht aber mit Landsleuten, höflich doch unwillig Hochdeutsch sprach: »Wissen Sie, der konnte reden wie ein Berliner – immer vorneweg mit dem Maul!« Ähnlich abfällig, auch vor allem ihrer Sprache wegen, äußerte sich Jacob Burckhardt über Berliner; er hat in Berlin studiert.

Unsere beiden Fahrgäste sprechen so ausgeprägt Schweizerdütsch wie für nichtschweizerische Deutschsprechende gerade noch verständlich.

ENKELIN, *lachend, aber doch als ernster Vorwurf*:
Daß du dich nicht genierst, Großvater, dich öffentlich
mit dem ›Blick‹ erwischen zu lassen!

GROSSVATER, *ironisch*:
In der Wut ist ›Blick‹ gut. Reimt sich sogar!
– guck dir die Visage an von diesem Berliner:
Kinn wie ein Bulldozer! …

Mit diesem Satz hält er die teils blutrote Titelseite von ›Blick‹ hoch. Im Affekt wird jeder Mensch rassistisch, mindestens dann, wenn es um Geld geht und wenn Ausländer *ihn entrechten.*

ENKELIN: Dieser Deutsche war aber noch zartfühlend, gemessen an seinem Unterling von Mercedes, der ganze zweieinhalb *Minuten*, du hörst richtig, Großvater:

zweieinhalb *Minuten* erübrigt hat, der Belegschaft in
Oerlikon zu eröffnen, daß Daimler-Chrysler diese älteste
Waggonfabrik der Schweiz dichtmacht
und 800 Leute »wegsaniert« ...

GROSSVATER: Ja, hab' ich gelesen über die Schließungen.
Im Fernsehen haben sie's nicht gezeigt: Die *wußten*, wie
schweinisch der Auftritt dieses Deutschen ausfallen werde.
Schade, die Belegschaft hat diesen Hund
nicht gelyncht!

ENKELIN, *lacht*: Was hat Geßler getan, gemessen an *dem*?
Geßler hat den Eidgenossen für seinen Habsburger,
der übrigens Schweizer war, den Zehnten abkassiert –
wer wäre heute nicht selig, er zahlte nur 10 Prozent!
Doch *dieser* Deutsche nimmt Schweizern die Existenz –
folglich: warum nicht auch ihm das Leben nehmen
wie Tell dem Geßler!

GROSSVATER: Bleibt ja keineswegs bei 800 Entlassenen,
dazu kommen 2500,
die in den Zuliefererfirmen ihr Brot nicht mehr verdienen!
Warum hat unsere Bahn ihre älteste Waggonfabrik
vor der Schließung durch Ausländer nicht gerettet?

Sie hat, angewidert wie von ungut Riechendem, diese Zeitung hochgenommen und ihm hingehalten als Corpus delicti; Aufruf eines mit »bd.« zeichnenden Mitarbeiters, der seinen Schweizer Landsleuten zu Recht vorwirft, ohne »nationalen Stolz« bei deutschen Tochterfirmen von Daimler-Chrysler jetzt die Waggons zu bestellen, die aufgrund des Stuttgarter Machtworts in der Schweiz künftig nicht mehr gebaut werden dürfen. »Wer geohrfeigt wird, hält normalerweise nicht auch noch die andere Seite hin!« So schließt dieser vernünftige Aufruf, jene zu boykottieren, die ruchlos zwei stets schwarze Zahlen schreibende Unternehmen in den

Kantonen Basel und Zürich vernichtet haben – aus Geldgier. Im Schweizer Fernsehen am Montag, 15.11.1999, in der Sendung ›Schweiz aktuell‹, wurde angedeutet, daß Daimler-Chrysler auch deshalb Oerlikon und Pratteln liquidiert habe, weil Subventionen an die Fabriken nicht länger gezahlt wurden, da die Schweiz keinen Anlaß sah, an Deutsche verkaufte Firmen zu begünstigen.

ENKELIN: Endlich wirft auch die ›NZZ‹ die Frage auf,
ob ihr Politiker euch dermaßen gleichgültig verhalten dürft!
Ihr könnt doch nicht zugucken – auch die Deutschen nicht,
wenn jetzt Briten die feindliche Übernahme von
Mannesmann betreiben!
GROSSVATER: Was nennst du ›feindliche‹ Übernahme?
ENKELIN: Wenn Ausländer einheimische Arbeitsplätze killen,
um Landsleute *nicht* zu liquidieren bei Fusionen.
Der Staat darf's der Wirtschaft nicht allein überlassen,
ob sie rentable Betriebe Ausländern verhökert!
GROSSVATER: Bist aber zu jung,
gesehen zu haben, wohin Staatsdirigismus
im Osten geführt hat! Wie soll der Staat mit seinem
Gewissen vereinbaren, daß er die Vernichtung
der Tante-Emma-Läden durch Warenhäuser ungerührt
hinnimmt, weil da nur 3 Personen arbeitslos werden –
doch Geld einschießt, wo sonst 3000
auf der Strecke blieben? Ist der Angestellte der Swissair,
zum Beispiel, wert, durch den Bundesrat gerettet zu
werden, nicht aber Uhrmacher oder Metzger, deren Läden
von Großen erdrückt wurden? Nein, Kind, so geht's nicht:
Die sogenannten Spitzenpolitiker müssen Steuern senken!
Müssen ihre Administration reduzieren:
Berlin hat 167 000 Verwaltungsangestellte – so viele
wie Basel Einwohner!

ENKELIN: Und kein Beamter zahlt in Deutschland *einen* Cent
für seine Pension – die einzige Kaste, die ihre
vorbildliche Altersversorgung umsonst kriegt!
GROSSVATER: Ja – geschenkt aus den Steuern der Mitbürger.
Warum, glaubst du, hat Onkel Erich seinen Betrieb
verkauft? Weil er auf 1 Million Reingewinn,
wenn er keine einzige Mark davon für sich genommen hat,
sondern diese Million zu 100 Prozent im Betrieb
weiterarbeiten lassen wollte:
66 – du hörst richtig –
66 Prozent Steuern zahlen mußte ...
ENKELIN: Sicher nur in Deutschland?
GROSSVATER: Zugegeben, nur in Deutschland – aber ...
HILDE, *die aufgestanden ist und an den Tisch der Schweizer tritt*:
Entschuldigen Sie, ich habe zugehört,
wie nun auch die Schweiz unsere Nöte kennenlernt.
Ich heiße Hilde Zumbusch, habe die Partei
der Arbeitslosen gegründet – hier meine Karte.
Wenn Sie auch eine haben ...
GROSSVATER, *steht auf, um sich vorzustellen*:
Stucki, Nationalrat ... meine Wähler sind Berner,
bitte, setzen Sie sich zu uns.
HILDE: Sie verzeihen, mußte einfach zuhören
nach Ihren ersten Sätzen ... Danke Ihnen.
ENKELIN: Freue mich, daß eine Parteigründerin
zugunsten Arbeitsloser uns anspricht:
bin auch noch ohne Job.
HILDE, *geht an ihren Tisch zurück und sagt zu Stucki*:
Bin oft in der Schweiz, schicke Ihnen mein Partei-Programm.
GROSSVATER, ENKELIN: Danke. Immer willkommen.
KURT: Lustig, wie die Enkelin ihren Großvater

wegen der ›NZZ‹ attackiert hat!
Zu allen Dreien:
Neulich las ich in der ›NZZ‹, führende Wallstreet-Ökonomen hätten mit einem Rückgang der Arbeitslosigkeit auf 4,8 Prozent gerechnet. Da aber dann zu ihrer Überraschung doch 75 000 *mehr* Arbeitslose zu registrieren waren, hätten die Finanzmärkte mit kräftigen Kurs*avancen* reagiert. Im Ernst!

ENKELIN, *lacht*:
Aktien steigen, wenn Arbeitnehmer fallen!

HILDE: George Grosz hätte unser System so niederträchtig nicht gezeichnet wie diese Verlautbarung der ›NZZ‹; Triumphgeheul über Entlassungen, weil so die Renditen steigen!

GROSSVATER: Neu ist, daß die solche Niederträchtigkeiten heute erstmals *öffentlich* propagieren!

LAUTSPRECHER: Verehrte Fahrgäste, unser ICE läuft in Kürze in Karlsruhe ein. Dort haben Sie 12 Uhr 05 mit einem InterRegio Anschluß nach München Hauptbahnhof, über Stuttgart auf Bahnsteig sieben.

Kurt steht auf – nimmt Hildes leichten Koffer und seine schwere Ledermappe, um beides zum Ausgang zu tragen; während

HILDE, *den Schweizern zunickend, sagt*:
Wir hören voneinander.

KURT, *während er schon türwärts geht*:
Sie sind am Ziel: Karlsruhe.

HILDE: Nicht am Ziel. Am Anfang!

Vorhang

Enkelin *tritt wieder vor den zum Umbau noch geschlossenen Vorhang und verliest das Sonett ›Warnung‹; es empfiehlt sich deshalb, es abzulesen, statt wie die dann kommenden Akt-Kommentare auswendig aufzusagen, weil zum ersten Mal deutlich werden soll, daß auch hier, wie mit Shakespeares ›Nachspruch, vom König gesprochen‹, der Schlußpunkt unter diesen Akt gesetzt wird; nicht ein König spricht ihn, sondern eine Arbeitslose:*

Warnung

Für Josef Ackermann jährlich € 6,95 Millionen. Beirrt
ihn, daß er 14,31 Prozent Deutsche Banker entläßt?
Die Kosten dem Staat aufhalst, den die Wirtschaft erpreßt?
Burckhardt nennt Mord »Hilfsmittel, da man Richter wird.

Bei Abwesenheit aller legalen Rechtsmittel«: Rächer wie Tell.
Ackermann billigt beim Verkauf von Mannesmann an Briten
kriminell hohe Abfindungen: Nie an Skrupeln gelitten,
je mordlustiger er handhabt sein Entlasser-Skalpell.

9,4 Milliarden: *Rekord*gewinn seit 130 Jahren Bestehn.
»Guillotinereif« (Benn) eine Schicht, der kein Rebell
ersteht, obgleich Elftausendachtzig stempeln gehn.

Die ›FAZ‹ lehrt A.'s rechtlose Opfer als »Umbau« tarnen!
»Tritt« A. nur »zurück« wie Geßler durch – Tell?
Schleyer, Ponto, Herrhausen *warnen*.

ZWEITER AKT

Rausgeworfene I

»Die Deutsche Telekom hat die Zahl der aus Behördenzeit übernommenen Beamten binnen sieben Jahren auf 53 000 halbiert – ein schneller Abbau, da der Gesetzgeber mit dem Privatisierungsrecht formal keinen Weg eröffnen wollte, Beamte vorzeitig aus Diensten der Nachfolgeunternehmen der Deutschen Bundespost zu entlassen. Insider wissen von »überdurchschnittlichen Raten« krankheitsbedingter Frühpensionierungen bei Post, Postbank und Telekom. Bei allen dreien ist die Zahl der Beamten seit 1995 von 270 000 um 90 000 gesunken. Das Privatisierungsrecht erklärt auch das Interesse am raschen Abbau: Je weniger Beamte Post & Co. beschäftigen, desto weniger müssen sie für die Pensionärsbezüge aufkommen. Die Telekom muß laut Gesetz jeweils einen Betrag von 33 Prozent der Bezüge ihrer aktiven Beamten an die Pensionskasse abführen – den Rest trägt der Bundeshaushalt. Der wird laut Rechnungshof bis 2090 gut 570 Mrd. Euro für Post- und Telekom-Pensionäre aufbringen müssen.«

›Handelsblatt‹ vom 2.8.2002

»Siemens baut 12 000 Stellen ab.
Der Siemens-Konzern erwartet im laufenden Geschäftsjahr eine Gewinnsteigerung um 20 Prozent auf rund zwei Milliarden Mark. Gleichzeitig will das Unternehmen mehr als 12 000 Arbeitsplätze streichen.«

›Die Welt‹ vom 24.2.1995

Umziehraum, Dusche der Arbeiterinnen, hier: Tablettenverpackerinnen eines »Pharma-Riesen«, wie die Konzerne sich auch selber nennen ...

Eine Wand mit Spinden für die Straßengarderobe.

Auf tischgroßen Wagen, Container genannt, liegt gestapelt die Betriebskluft; frische, blaue Wäsche ist zu jeder neuen Schicht obligatorisch. Die gebrauchte Wäsche wird entsorgt, wie auch die Frottiertücher in einem zweiten Wagen, in einen Drahtkorb geworfen, der ca. anderthalb Meter hoch ist und so groß wie der Wagen, auf dem er steht. Die Rückwand der Bühne, also die Wand mit den Spinden, wird durch eine Schwingtür unterbrochen, auf der Dusche steht. Der Boden vor den Spinden ist ebenso gekachelt wie der Duschraum.

Herta und Inge, beide zwischen zwanzig und dreißig, mit Plastikhauben auf dem Kopf – Teil ihrer Arbeitskleidung –, kommen nackt oder mit einem Frottiertuch bestückt aus der Dusche, gehen zu ihrem Spind und ziehen sich an – »rauchen dann noch eine« auf einer Bank; Inge ißt einen Schokoriegel. Sie »babbeln« hier ausgeprägt frankfurterisch-mannheimerisch: grundsätzlich der Dialekt der Gegend, in der die Schauspielerinnen aufgewachsen sind; hier auch brandenburgischer Landdialekt.

HERTA: Zähl schon die Tage, daß ich nicht mehr her muß. Und wie bin ich ausjerastet, als wir jefeuert wurden.

INGE: Tröstet doll, wenn man nicht alleine rausfliegt, sondern die ganze Truppe.

Entnimmt ihrer Tasche eine Zeitung, reicht sie Herta:

Heute hier in unserem Käseblatt,
ein Foto des Ami-Ladens – den »wir« gekauft haben,
zweimal so groß wie unser Mannheimer Bahnhof!

HERTA: Nee, jekauft haben *wir* jar nüscht, *verkauft* wurden *wir*,
damit die hier den amerikanischen Laden zahlen können.

INGE: Haben die ja sogar zugegeben, die Scheißkerle,
daß sie die Produktion dichtmachen, weil's
in Kalifornien angeblich de Hälfte kostet:
Die benutzen da schwarz Eingereiste aus Mexiko,
ich hab's aus dem Fernsehen, die für 2 Euro
die Stunde malochen.
Auch unser Obermacker vom Betriebsrat
findet das wie die Bosse okay.

HERTA: Total korrupt, det Schwein. Dem jeht einer ab,
wenn er mit den Bossen bei Betriebsversammlungen
in der ersten Reihe sitzen darf. Jenosse der Bosse,
wie sein Kanzler! – Der erste in Deutschland,
der den größten Konzernen zu 100 Prozent
die Steuern erlassen hat.

INGE: Dafür ist er aber auch Sozi
– sozial zum Kapital!
Weil se unkündbar sin, Betriebsratsvorsitzende,
– hat sie automatisch korrumpiert, unseren auch.
Wollen wir zur Gewerkschaft?
Vielleicht macht die was.

HERTA, *erbittert*:
Jejen wat?
Dajejen, daß 'ne Firma sparen will?

INGE: Nicht sparen, *uns* einsparen, damit sie in Amerika
einen Laden kaufen können, größer als unsrer.

HERTA, *lacht*:
Als käm et auf uns an. Nicht mal 1000 Rausjeworfene!

Die kaufen doch, sagt Herbert, diese Amis nur
deshalb dazu,
weil *die* verschuldet sind, die Amerikaner:
Unsere können dann hier amerikanische Schulden
von der *deutschen* Steuer absetzen.

Sie wiederholt empört:

Ami-Schulden von *deutscher* Steuer,
stell dir dat vor! Und haben den Ami-Laden, sagt Herbert,
ooch jekauft, weil sie dann ihre Vorstandsjehälter
den sechsmal so hohen amerikanischen anpassen dürfen!
Jenau dat is tatsächlich für den Mercedes-Vorstand
der Jrund gewesen, Chrysler dazuzukoofen.
INGE: Ich stemple nicht ungern, wenigstens 'en halbes Jahr;
meine Mutter hat auch noch drei Kühe und Kleinvieh ...
da kann ich was sparen, für Djerba.
Den Urlaub vermiest mir keiner.
HERTA: Du darfst stempeln, ick muß aber zur Stütze,
war keene drei Monate hier.
Hätt' ick bloß in der Hotelküche anjefangen,
statt in diesem Scheißladen. Hab' schon anjerufen,
Job natürlich wech.
INGE, *sitzt jetzt auf der Bank und raucht*:
Trotzdem hingehen, fragen! Kantinen- und
Krankenhausküchen zahlen super.
Der Mann von meiner Cousine
– Männer kriegen natürlich mehr –
is Koch in der Straßenbahnkantine.
Kriegste nich ABM?
HERTA: Nö! Jriegte ich ABM,
sagt Herbert, soll's denen jefälligst
teuer kommen, nicht nur 'nen Job da lernen,

der so billig kommt wie Kochen.
Ich tu's nicht unter Bankkauffrau.
INGE, *spöttisch*:
Ne Größe kleiner hast du's nich?
Ich konnt' das nie, konnte schon auf der Schule nich rechnen. Zur Glotze ginge ich gerne, das wär' geil ...

Beide lachen.

HERTA: Vergiß it! *Weißt* du, was die beim *Fernsehen* verlangen? Oder bleibst nur Kabelschlepperin.
Ick gloobe, sogar Abitur verlangen die!
Oder Pennen mit dem Chef.
INGE: Und Wartelisten, kilometerlange.
Wie findest du es eigentlich, daß wir hier alle 1000 Gefeuerten schön die Schnauzen halten,
statt irgendwas anzustellen,
gegen den Konzern? Daß wir diese Scheiße schon gefressen haben, daß heute unsere Zeitung – hier guck, ganz fett, halbe Seite ...

Sie schmeißt die Zeitung auf den Boden und tritt sie mit Füßen:

... die amerikanische Fabrik abbildet, die unser Laden sich unter'n Nagel gerissen hat.
Aber kein Wort über uns 1000 Entlassene!
Da gehört 'ne Bombe rin! Schiß müßten se haben.
HERTA: Ob grad 'ne Bombe – weeß nich.
Awer solange die Berliner Mauer stand,
haben sich die Firmenfuzzis hier im Westen jedenfalls solche Schweinereien nich erlaubt!
INGE: Hatte nix mit der Mauer zu tun,

daß die sich damals so Scheiße wie Massen-Rauswurf
nich getraut haben!
Nee, damals hatten die Geldsäcke noch Schiß,
Terroristen würden sie entführen und plattmachen.
Nur deswegen hamse damals gekuscht.
Und ABM – das kann auch schiefgehen:
Man müßte mal wieder 'nen paar Molli schmeißen.
Die Claudia Samel hat mir erzählt,
die wollte gar nicht ABM – mußte sie aber...

HERTA: Wieso wollte die dat nich?

INGE: Weil die doch an der Schweizer Grenze wohnt,
konnte immer schwarz in Basel 600 Franken,
sogar mehr, als Putzfrau zur Stütze dazu verdienen –
Schweizer Franken, das sind dann mehr
als 800 monatlich.
Aber sie wurde *gezwungen*, zu ABM-Kursen...

HERTA: Un jriegt se dann wat richtig Anständiges?

INGE: Eben, dat isses: einen prima Halbtagsjob hat se
gekriegt, sogar uff'm Rathaus...
konnte trotzdem noch heimlich, nachmittags,
in die Schweiz putzen gehen – doch stell
dir vor, nach einem Vierteljahr
sind sogar uff'm Rathaus alle rausgeflogen, alle!
Hat die ganze neue Abteilung wieder dichtgemacht.
War nix, nix.

Vorhang

Herta, *tritt wieder heraus, während der Vorhang zum Umbau geschlossen bleibt und »übersetzt« sehr traurig dieses »Jedicht«: ›Stilljelegte Stadt‹, ein Sonett, in ihren ausgeprägt märkisch-berlinerischen Landdialekt:*

Stilljelegte Stadt

In Brandenburg jriejen Jugendliche,
die Lehrstellen suchen, vom Arbeitsamt Jeld,
dat se vaschwinden aus de Stadt:
»Hier werdet ihr jrau, bis ihr einjestellt!«

Denn dat Stahlwerk is platt, dat 150 Jahre de Stadt
ernährt hat: Noch zwanzigtausend Stahlarweiter
am Schluß vom Kommunismus – doch dat erklärt
heute den Besuchern ein *Museums*leiter!

Stempler jetzt jrad man vierzig, kochten hier noch Stahl;
beschämt als Frührentner, dat ihr Stahlwerk nun
Museum jeworden, sie nüscht mehr tun als illejal

Hamse Glück sich noch für 20 Euro pro Tag vakoofen
irjendwo an einem Kiosk oder so, de Frauen malochen.
Ihre Ehen, mit Jören oder nich, bloß Katastrophen.

Dritter Akt

»Global Player« beim »Medientraining«

»Zusammen mit den Weltmärkten entsteht eine neue, globalisierte Herrenschicht, die über den Rest der Menschen Macht besitzt wie früher ein Gutsbesitzer über seine Hintersassen. Was im Feudalzeitalter die Erbteilungen und die dynastischen Hochzeiten waren, das sind in der Epoche der globalisierten Märkte die Firmenfusionen und -verkäufe: Sie wechseln über Nacht die Herrschaft aus. Als die Arbeiter von Boehringer Mannheim nach einem ahnungslos verbrachten Wochenende am Montag früh ins Werk zurückkehrten, wurden sie am Tor von der neuesten Ausgabe der Betriebszeitschrift mit der Botschaft empfangen: ›Willkommen bei Roche‹. So hieß der neue Eigentümer, der die Firma kurz zuvor erworben hatte. Deutlicher kann man den Menschen kaum mitteilen, daß sie im Spiel der Großen keine Stimme haben.«

Konrad Adam in der
›Frankfurter Allgemeinen Zeitung‹ vom 18.9.1999

»Gegen den Branchentrend erhöhte der Branchenprimus Deutsche Bank im 2. Quartal den Gewinn vor Steuern auf 2,2 Milliarden Euro. Binnen Jahresfrist bedeutet dies einen Zuwachs von 35 Prozent ... Die verbesserte Ertragslage resultiert in erster Linie aus erzielten Kosteneinsparungen. Dabei spielt auch der massive Personalabbau eine zentrale Rolle ... die angekündigten Stellenkürzungen von 12 970 bei der Deutschen Bank ... Die Dresdner Bank baut zusätzlich 3000 Stellen ab.«

›Berliner Morgenpost‹ vom 2. 8. 2002

London – mit einem grandiosen Blick bei hellster Sonne auf Westminster mit Big Ben im soundsovielten Stock eines berühmt-schönen Geschäftshauses: Das Arbeitszimmer des Präsidenten eines der nur noch vier oder fünf Tabakkonzerne dieser Welt, denen alle übrigen längst ebenso gehören wie alle Raucher auf Erden …

»Medientraining« ist ein gängiger Terminus technicus, weil seit Jahren in den höheren Etagen der Wirtschaft allen Ernstes sogar noch Spitzenmanager »trainiert« werden von eigens dazu angeheuerten Journalisten, wenn es gilt, die Öffentlichkeit telegen zu belügen, anläßlich – zum Beispiel – der »Freisetzung« von 800 armen Hunden, die auf der Strecke bleiben, weil wieder einmal ein großer Betrieb einen kleineren sich einverleibt hat. Das Video-Equipment – Monitor, Kamera, Tontechnik – ist bereits aufgebaut …

Nicht gerade oval ist das Arbeitszimmer des Präsidenten, auch steht in der Ecke nicht die Nationalflagge wie bei dem im Weißen Haus, aber dafür ist sein Schreibtisch – stets fast völlig leer – »immerhin nicht ganz so groß wie sein Swimmingpool«, wie einer der sehr wenigen Zeitungsleute spottete, natürlich nicht öffentlich, der eben deshalb Zugang zu diesem Büro hat und nur deshalb, weil er sich, einst sehr namhaft als Journalist, doch als solcher jetzt pensioniert, hier als Medienberater einzubringen wusste, wofür er das Mehrfache dessen erhält, was seine Zeitungspension ausmacht.

Die persönliche Referentin des Präsidenten, die den Doktortitel hat im Gegensatz zu ihm, der kein Akademiker ist, sondern aus sehr bescheidenen Verhältnissen sich allein kraft seines Machtinstinkts und seiner Brutalität zur Konzernspitze hochleiterte, ist sogar auch noch Gräfin. Denn es schmeichelt dem Präsidenten, eine Aristokratin und Leute mit Doktortiteln herumkommandieren zu dürfen: So wie Goebbels, kleinbürgerlicher Herkunft, sich in frühen Jahren seine Aktentasche von einem Prinzen Hessen hinterhertragen ließ.

Den Präsidenten ehrt immerhin, daß er hier im Büro von namhaften, zeitgenössischen Malern und Bildhauern Englands, von Bacon, Hockney und Moore, Bilder und Plastiken um sich hat. Er hat sie sich von seiner Lifestyle-Beraterin empfehlen lassen, außerdem sind sie eine gewinnversprechende Investition. Eine altersdünne Afghanbrücke, darunter der fünf Zentimeter dicke Florspannteppich, der jeden Schritt schluckt.

Dem Präsidenten gegenüber sein Stellvertreter: Ein korpulenter, jovialer Riese, der nicht dick aussieht, sondern mächtig; einst ein vielgefragter Homme à femmes. Er ist Arzt, hat aber seit seiner Studienzeit nie mit Patienten, sondern nur mit Forschung zu tun gehabt. Wie für die meisten europäischen Manager der Zeit nach Hitler waren die USA sein Übungsgelände. Zweimal hat immerhin dieser Brite – wer sonst hätte das getan? – seine steile Karriere jäh abgebrochen aus eher menschlichen Beweggründen, die ihn ehren. Jack Brown ist in seltenem Maß unabhängig und anständig genug, dies zu nutzen.

PRÄSIDENT, *an seinem Schreibtisch, während Brown abseits steht und aus dem Fenster guckt:*

Das weiß ich auch! Aber so wenig unsre Bude die
Flurbereinigung durch McKinsey in die Welt gesetzt hat,
so wenig können wir's uns leisten, nicht mitzuspielen.
Unser Sozialplan federt immerhin anständig ab,
die wir rausschmeißen!

BROWN: Was mit Geld abzumachen ist, war nie's Problem. Doch wer so in der Gewinnzone liegt, darf Mitarbeiter nicht wegschmeißen.

PRÄSIDENT, *überhört das ungerührt:*
Du und ich, wir werden dafür bezahlt, den Laden so auf Trab zu halten, daß er noch Marktanteile erobert – nicht zuletzt um 87000 Mitarbeitern den Job zu sichern. Wenn du heute nicht mal die nur 9 Prozent verabschieden willst, könnten's nächstes Jahr 12 Prozent sein! Willst du nicht helfen zu rationalisieren, laß ich McKinsey kommen!
Die Kirche bleibt im Dorf! Aber der Sachzwang auch!

BROWN: Wir unterliegen keinem Sachzwang. Bleibe dabei, wo von der Bilanz her kein Grund vorliegt, *darf* man niemanden »verabschieden«, wie du rausschmeißen schönredest. Wozu dein vorauseilender Gehorsam gegenüber den Shareholders?

PRÄSIDENT: Und Synergien? Globaler Wettbewerb? Sind dir das Fremdworte? Es *gibt* keine Alternative. Kündigen wir an, nur 8000 rauszusetzen, jubiliert die Börse. Müssen mindestens 15 Prozent Schnitt machen!

BROWN: Bin nicht nur für die Börse da!

PRÄSIDENT: Loyalität bist du auch der Firma schuldig, die uns beide Millionen verdienen läßt.

BROWN: Unsre Leute – *die* sind für mich der Konzern, nicht die Aktionäre.

PRÄSIDENT: Hast recht, aber kein Recht, deinen sozialen Impetus auf Kosten des Konzerns durchzusetzen.

BROWN, *lacht:* Wehret den Anfängen. Ohne mich!

GRÄFIN, *lautlos eingetreten, sagt deutlich, aber leise vor Respekt auf ihre Uhr guckend:*
Herr Präsident, Ihr Flieger!

PRÄSIDENT, *gereizt, aber nicht unfreundlich, schickt sie weg:*
Der wartet. Jack, lauf mir nicht weg, jetzt,
wo ich gezwungen bin, die Dreckarbeit zu machen.
Und die wir zwei zusammen bestimmt humaner durchziehen
als voriges Jahr die zwei Chemie-Riesen in der Schweiz:
Kannst du mir verraten, warum dort wegen der Fusionen
sich ausgerechnet aus den Chefetagen drei umgebracht
haben? – nur 5000 entlassen –

BROWN: Weil Hochgestellte schon gar keinen neuen Job mehr kriegen!
Und woher willst du wissen, ob da nicht auch
mehrere der anderen 5000
sich im Wald erhängt oder in der Garage vergast haben?
Toll, daß über die drei prominenten Selbstmörder
keine Zeitung ein Wort verloren hat!

PRÄSIDENT: Selbstmorde haben den Imitationseffekt.
Wir haben uns bisher McKinsey nicht ins Haus geholt,
weil ich mit dir 9 Prozent loswerden kann, aber
allein mache ich's nicht. Gehst du, hole ich McKinsey.

BROWN, *der schon geraume Zeit am Tisch Platz genommen hatte, steht schroff auf, sagt ironisch:*
Auch 9 Prozent sind zu viel, wenn unnötig! Ich steige aus.

PRÄSIDENT, *ironisch:*
Jack, wie lange kenne ich dich, spiel dich doch
nicht auf als der große Philantrop: Du läßt mich sitzen,
weil du dich selbständig machen willst und immerhin
40 Millionen mitnimmst! Und damit kannst du
allerdings deinen eigenen Laden aufmachen.

Streckt ihm ostentativ die Hand hin, Brown hat die Tür schon geöffnet, geht nach Handschlag ab.

PRÄSIDENT, *auch aufgestanden, als wolle er ihn zur Tür bringen; während Brown diese schon öffnet, tritt die Gräfin wieder ein:*
Ist das wirklich dein Ernst, daß wir uns nicht mehr in
der Firma sehen, sondern nur mittwochs beim Golf?
Überschlaf's noch mal.

GRÄFIN: Herr Präsident, darf ich den Medienberater
wieder reinbitten?

PRÄSIDENT, *in Gedanken noch bei Brown, vielleicht sogar bei den Selbstmördern, nickt nur, während die Gräfin die Taste des Videorecorders drückt und der Medienberater wieder eintritt. Stimme und Bild des Präsidenten aus dem Recorder; er redet »Watte«:*
Wir wissen nur zu gut, meine Damen und Herren,
um die Sorgen anläßlich jeder Fusion;
wenn es kleine Firmen sind, die sich in
einen Weltkonzern *integrieren:* ein durchaus freiwilliger Beitritt
der so altehrwürdigen Parisienne- und Select-Hersteller
zu unserer Londoner British-American Tobacco.
Wir vereinigen sie gemeinsam mit Freunden in Südafrika:
Die älteste Zigarettenfabrik der Schweiz
mit der ältesten afrikanischen, die seit Generationen
– auch dies ein Garant der Verläßlichkeit –
der rhodesischen Familie Rupert gehört!
Welche Konzernleitung könnte so töricht sein,
die seit einem Jahrhundert eingeführte Parisienne,
die Zigarette der Schweiz, einer Fusion zu opfern?

Er hat das nur gesagt, weil er ablenken will von der Tatsache, daß die Arbeitsplätze *durchaus verschwinden werden.*

Und ist das nicht auch eine große Beruhigung,
daß die zwei Schweizer Zigaretten, die noch voriges Jahr
nur einen Marktanteil in der Schweiz von 25,6 Prozent
erzielten – jetzt krisenfest werden?
Wir geben ja als bisher zweitgrößter Tabakkonzern
weltweit in 80 Fabriken 70000 Leuten Arbeit!
Und produzieren mit jährlich 900 Milliarden Zigaretten
– schon jetzt! – 16 Prozent des Weltmarktbedarfs.

Seine Stimme denunziert ihn in seiner Selbstgefälligkeit. Die gefilmte Rede ist zu Ende. Pflichtschuldiges Lächeln der Umstehenden.

MEDIENBERATER, *Mitte Dreißig, einst radikal als linker Student, jetzt ebenso radikal als Reaktionär, peinlich elegant, kokettes Tüchelchen am Rock:*
Ausgezeichnet, wie Sie, Herr Präsident,
Ihre Verkaufszahl um 100 Milliarden herunterspielten,
weil 1000 Milliarden, die Sie ja in Wahrheit längst
verkaufen, weniger überzeugen als 900 Milliarden.
GRÄFIN, *kirchenstill, noch sekundenlang, seit ihr Präsident auf dem Monitor schweigt; sie hat einen Notizblock und silbernen Kugelschreiber in den Händen; sehr elegant ist sie angezogen und schwer bestückt mit altem Familiengold; sie weiß, daß sie nie mit Kritik – stets mit Lob – beginnen muß:*
Sehr überzeugend, Herr Präsident, wie Sie als erster
überhaupt endlich auch den Schweizern einmal sagen,
daß Globalisierung sogar vor ihnen nicht haltmacht.
Dennoch, Herr Präsident: Müssen Sie *überhaupt*
nach Zürich gehen und an die große Glocke hängen,
daß eine ganze Gemeinde, die von dieser Fabrik gelebt
hat – arbeitslos werden wird, weil wir die Produktion
nach Portugal verlegen?

Präsident, *ungehalten, aber im Ton nicht unfreundlich:*
Gräfin! Was sollen Zigaretten künftig *kosten,*
wenn wir die weiterhin von Schweizern machen lassen,
statt zu Dritte-Welt-Löhnen!
Medienberater: Die Gräfin bezweifelt ja in keiner Weise,
daß niemand die Schweizer mehr bezahlen kann!
Die Gräfin fragt nur: Müssen Sie in die Höhle des Löwen,
um ihm mitzuteilen, daß Sie sich
sein Fell an die Wand hängen?

Er lacht beflissen.
Präsident: Sind Schweizer – Löwen?
Medienberater: Keine Löwen, doch wie auch
körperlich Kleine, folglich auch Kleinstaatler,
höchst argwöhnisch, ob man sie ernst genug nimmt!
Kauften nicht *Sie* als *Londoner* die Zigarettenfabrik,
kaufte sie ein Schweizer, um sie wegzufusionieren
oder auszulagern nach China, weil die Chinesen noch
mit *einem* Franken Stundenlohn abzufüttern sind:
Die ›NZZ‹ würde sogar helfen, das zu begründen ...
Er lacht und ergänzt:
Sogar, daß die Schweizer ihre Nationalflagge
jetzt von Chinesinnen nähen lassen, hat die
›NZZ‹ wie alles, was Geld spart
oder einbringt, nicht beanstandet!
Präsident, *unverhüllt zynisch und selbstgefällig; er weiß, jeder hier im Raum verdient so blendend an ihm und seinen Machenschaften, daß er's Maul hält:*
Soll sie auch nicht! Steigerung des Marktanteils
und des Profits ist ja immerhin nicht kriminell,
und von Arbeitsplätzen habe ich nicht geredet!
Gräfin, *die sich dank ihres Namens hier mehr Kritik erlauben darf als alle:*

Ich habe einen Basler Freund angerufen, drüben die
Presse einmal anzusehen ... Er faxte mir aus der ›Basler
Zeitung‹ einen äußerst unangenehmen Kommentar ...
PRÄSIDENT: Kennt jemand diese Zeitung?
GRÄFIN: Nicht in London – doch in der Schweiz,
die einzige in der Chemie-Stadt Basel.
Ein gewisser Hubacher klagt uns an, seit vierzig Jahren
der führende Sozialdemokrat und Kolumnist,
gefährlich, weil *nicht* radikal,
ihn daher auch Bürgerliche lesen! ... der schreibt,
hier, Herr Präsident ...
PRÄSIDENT, *gibt ihr das Blatt zurück, das sie ihm hinhielt; guckt es nicht einmal an:*
Ein Hund, der auf die Straße scheißt,
macht noch keinen Gestank.
GRÄFIN: Katastrophenalarm, demagogischer; unser Glück,
daß er da nicht nur von *uns* spricht, daß *wir* in Boncourt
die Fabrik schließen, so daß 630
Einwohner von 1400 arbeitslos werden.
PRÄSIDENT: Ein Hammer, in der Tat!
Er wiederholt:
630 entlassen – von nur 1400 Einwohnern!
GRÄFIN: Der Ort *lebte* von den Zigaretten!
Andere Industrie gibt's da gar nicht.
PRÄSIDENT: Sie sagten doch, der schreibe auch über andere.
GRÄFIN: Ja – weil zwischen Basel und Zürich
Mercedes-Chrysler eine Waggonfabrik gekauft hat.
MEDIENBERATER: Mercedes ist immer gut, lenkt ab von uns.
PRÄSIDENT, *sarkastisch:* Im Gegenteil. Zweifellos lesen
mehr Leute den Artikel wegen Mercedes,
lesen damit aber auch, was der *uns* anhängt!
GRÄFIN: Mercedes oder Daimler-Chrysler, wie die sich
jetzt nennen, hat die Waggonfabrik eingesackt,

sie aber offenbar *nicht* zugemacht.

MEDIENBERATER: Kommt noch. Niemand kann sich's leisten, die teuren Schweizer zu entlöhnen …

PRÄSIDENT: Mein Lieber: So verallgemeinert habe ich nicht. Was die Leute in der Schweiz zu viel kosten, holen wir mit ihrer günstigen Steuer und dem Bank*geheimnis* wieder rein.

MEDIENBERATER: Warum aber wollen Sie dann diese Sechshundert-Leute-Bude dichtmachen?

PRÄSIDENT: Die wird doch nie rentabel. Ist ja nicht unser einziger Fuß in der Schweiz, die Parisienne – doch Sie kennen unser Strategie-Papier: Wir sollen 250 Millionen Pfund Lohnkosten einsparen. Solange uns die Regierungen die Steuerschraube lockern, wenn wir Arbeitsplätze killen – denn wie sonst sind Rückstellungen möglich für geplante Abfindungen der Entlassenen …

MEDIENBERATER: Herr Präsident, entschuldigen Sie. Aber Entlassene sollten Sie niemals sagen, nicht mal im kleinen Kreis. Sie könnten sich daran gewöhnen, und dann geschieht's auch einmal in der Öffentlichkeit.

PRÄSIDENT, *lacht herzlich:*
Danke, danke – Sie haben recht.
Wozu Medienberater, wenn nicht zur Sprachregelung.

MEDIENBERATER: Sie entlassen nicht 600 Dörfler, Sie setzen sie frei: frei, sich bessere Jobs zu suchen!

Behutsames Lachen, er testet, ob nicht seine Menschenverachtung sogar dem Präsidenten zu weit geht; geht sie zwar nicht, denn der tut *ja, was sein Medienberater nur definiert – will aber das so deutlich nicht gehört haben:*

Präsident: Nun, in so einem Dörfchen ... *bessere* Arbeit finden, als Parisiennes und Selects drehen!
Welche Handhabe hat ein Gericht, sagen wir in Lausanne, hier in London Klagen wegen zu geringer Abfindungen durchzusetzen? Können Schweizer in Großbritannien vollstrecken? Oder können wir, wird's ernst, den Eidgenossen sagen, rutscht uns den Buckel runter?

Gräfin: Ich kläre das.

Präsident: Gräfin – macht denn Mercedes-Chrysler die Waggonfabrik zu, die sie bei Basel gekauft haben?

Gräfin: Wird erst in Detroit oder Stuttgart entschieden. Momentan ist sowieso um Mercedes Geschrei in Germany, weil die gedroht haben, aus Stuttgart zu ihrem Juniorpartner in die USA abzuwandern.

Präsident, *hat amüsiert zugehört. Nun sagt er mit einem Nationalstolz, wie er allein im Vereinigten Königreich noch möglich ist; sagt das auch mit der Verachtung für Deutsche, wie sie in Großbritannien virulent ist, seit die Engländer 1945 die Nazi-Schinderhütte Bergen-Belsen bei Hamburg befreit und für alle Welt fotografiert haben, so daß Churchills Kosename für uns Deutsche während des Hitler-Krieges absolut gerechtfertigt war und Mode blieb:*
Mercedes, dieser deutsche Betrieb schlechthin, hörte ich da richtig, droht aus Steuergründen abzuwandern in die USA? Das übertrifft noch alles charakterlich Defekte, was ich je aus Deutschland hörte ... die Hunnen haben, seit das Europa-Geschrei an der Tagesordnung ist, keinen Funken Nationalstolz mehr: Sogar ihre *Sprache,* erzählte ein Journalist, durchsetzen sie derartig mit Anglo-Amerikanischem, daß sie demnächst auch ihre Familiennamen noch ins Englische übersetzen.

Tatsächlich hat zum Beispiel der Bertelsmann-Bücherkonzern, seit fünf Generationen in der Familie Bertelsmann-Mohn, seine jetzt fünf Verlage in Random House umgetauft ...

GRÄFIN: Stimmt, habe selbst auf deutschen Bahnhöfen
gesehen, daß die Hunnen neuerdings
Service Point statt Auskunft plakatieren.
MEDIENBERATER: Ein Halsband verändert keinen Hund:
So waren die immer! Churchill sagte, entweder man hat
die Deutschen zu Füßen oder an der Gurgel.
PRÄSIDENT: Wie viele arbeiten in der Schweizer
Waggonfabrik jetzt für Mercedes?
GRÄFIN: Laut diesem Hubacher 1300.
PRÄSIDENT: Doppelt so viele wie bei Parisienne?
Er lacht:
Wenn wir diesem Hubacher einen Knochen hinwerfen?
Zu *halten* auf Dauer ist wegen der Löhne
in der Schweiz natürlich nichts, wie wär's, wir ließen
dieses Dörfchen vorerst weiterwursteln?
Besorgen Sie mir die Betriebskosten, Gräfin.

Er springt begeistert von sich selbst auf und ruft nach drei großen Schritten:
Ja, da *machen wir aber was und wie!* Aus dieser Meldung,
daß wir dieses Dörfchen weiterleben lassen!
Ihr Medien-Matadore werdet mir da eine hübsche
Meldung formulieren, daß wir den Schweizern *nicht* ans
Leben wollen, sondern die Existenz wiederschenken ...
wie eine Rettungsaktion muß das aussehen!
GRÄFIN, *der er sich zuwandte:*
Leider, muß ich einen Schuß Essig in die Suppe gießen:
Empörender als die Entlassungen wirkte,
daß dieser verdammte Sozi schreibt:

Sie liest vor,
»Großfusionen sind Arbeitsplatzkiller.
Die British-American Tobacco gaben bekannt,
sämtliche ihrer jetzt 80 Fabrikstandorte,
für künftige Stillegungen zu überprüfen.«

PRÄSIDENT, *schreit und tigert wütend mit langen Schritten herum:*
Haben wir doch nie, *niemals* bekanntgegeben! Finden Sie
– finden Sie diesen Spion, der uns hier...

MEDIENBERATER: Zwei Westschweizer Zeitungen:
haben als erste austrompetet, daß wir Parisienne kaufen! –
und *können* auch *das*, wie sonst! – allein durch ein Leck
hier bei uns in London rausgefunden haben!
Durch einen Werkspion.

GRÄFIN: Dieser Sozi da, Zitat:
»Die Rendite auf dem Eigenkapital der British-American
Tobacco soll von 17 auf 21 Prozent gesteigert werden.«
Wie könnten wir denn diese Gewinnsteigerungs-
Klimmzüge, Herr Präsident, dementieren?

PRÄSIDENT, *mit Siegerlachen, wieder völlig versöhnt, da geschmeichelt durch diese Nachricht:*
Dementieren? – Im *Gegenteil*, Gräfin! Fehlt Ihnen
das Gefühl, welchen gigantisch *positiven* Eindruck
das macht – wenn eine Firma fertigbringt,
aus dem Eigenkapital eine *solche* Rendite rauszuschlagen!

GRÄFIN: Aber diese Meldung *dort* – wo *gleichzeitig* von
Stillegungen die Rede ist?

PRÄSIDENT, *entschieden:*
Wird nicht dementiert – nein! Nichts macht erfolgreicher
als eine solche Erfolgsmeldung, ob die stimmt oder nicht!

Er lacht, man lacht gehorsam mit.

Neidgefühle – was wecken sie in uns? Bewunderung!
Nicht: Verachtung. 21 Prozent Rendite!

Wer hätte die sonst? Nicht nur der Bankier
– bin leider keiner – ist geschmeichelt, wenn man ihn
durchschaut.

Er greift vom Schreibtisch unter einem Briefbeschwerer – Verkleinerung einer Henry Moore-Plastik – ein einzelnes Blatt, DIN-A4:

Wie gesagt, keine Lust, läßt jetzt Jack uns im Stich,
die Rauswürfe allein zu verantworten – Gräfin,
wo haben wir das neulich gelesen, Sie waren dabei ...
daß von 400 größten Unternehmen des Planeten
300 mit McKinsey gearbeitet haben – wird ja
schon ehrenrührig, nicht mit von der Partie zu sein!

MEDIENBERATER, *der – wie der Autor – viele Kenntnisse aus Dirk Kurbjuweits Buch über McKinsey hat:*
Darf ich daran erinnern, Herr Präsident,
nach Schätzung des ›manager magazines‹
hat die Swissair rund 100 Millionen ...

GRÄFIN: Franken oder Mark oder Euro?

MEDIENBERATER: Vergessen – für Beratungen an McKinsey
rausgeschmissen und ging dennoch oder deshalb Pleite!

PRÄSIDENT: *Fliegt* aber dank Fusion mit uns Briten.
Schon doll, daß die einzige Fluggesellschaft des
reichsten Landes mit Ausländern fusionieren muß,
um weiterwursteln zu können ... aber wenn ich hier

Er liest drei Zahlen ab von dem Blatt, gibt's dann dem Medienberater.

›Bei der Post geht's ab‹ lese – McKinsey kann ja sein
Werbeblatt nicht so völlig frei erfinden; ich glaube, die
sind doch rentabler als die Boston Consulting Group ...
McKinseys Festpreis ist günstig: 300 Euro die Stunde ...

MEDIENBERATER, *blickt auch auf das Blatt:*

– aber wenn die dann mit wer weiß wie vielen Beratern anmarschieren, Herr Präsident!

Präsident: Immerhin – hier, lesen Sie: Die Deutsche Bank hat 179 000 Stunden lang McKinsey im Haus gehabt, Mercedes 228 000 Stunden, die Post noch mal die Hälfte mehr – *geniert* einen ja schon, nicht auch dabei zu sein ... nein, wenn man vor hundert Jahren Gründerzeit sagte – so heute McKinsey-Zeit!

Gräfin, *riskiert das denkbar Provozierendste an Widerspruch; tut's immerhin behutsam lachend:*
Der kleine Unterschied, Herr Präsident: Die Fabrikanten der *Gründer*jahre gründeten Arbeitsplätze,
McKinsey liquidiert sie.

Präsident, *lacht*:
Dennoch, wir müssen dabei sein.
Bereiten Sie mir – höchstens fünf Zeilen – Pressemeldung vor, auch die British-American Tobacco bemühe nun McKinsey – ich biete denen als Überschrift an:
›McKinsey kommt!‹ – lasse mir's aber teuer bezahlen, wenn ich derart für die werbe in aller Welt:
Verlange Halbierung ihres Stundenlohns von 300 Euro, wenn die zu uns kommen!

Vorhang

Brown, *tritt vor den Vorhang, ist jetzt sehr anders angezogen als vorher bei seiner Auseinandersetzung mit dem Präsidenten – er trägt das elegante, völlig schmucklose Schwarz eines weltstädtischen Bestattungs-Unternehmers und sagt sachlich, doch voll Mitgefühl:*

Größe, Böse, Religiöse

Reimworte wie Macht – Niedertracht:
Haltet ihre Inhaber unter Kontrolle!
Stellt keinen Trust frei vom Verdacht,
auch er spiele *unfair* die Rolle
des Starken, der den Schwachen schwächt,
bis der kaputt ist, wegfusioniert
– stets mit Geld, nie mit Recht

Führt Wirtschaft Krieg, praktiziert
ihn wie kein Staat als *Dauerzustand*, stets vermint.
Krieg im Sinne Heraklits: »Vater aller Dinge«
– auch dann, hat einer treu gedient,
doch ich ihn in schäbigste Rente zwinge.
Starb Abel am Bruder – zählt wer, die Computer
vom Arbeitsplatz wegsortiert, ausgezählt, liquidiert?

Vierter Akt

Rausgeworfene II

»Der Mord als Hilfsmittel

Es liegt nahe, daß zunächst bei Abwesenheit aller legalen Rechtsmittel, da man Richter in eigener Sache wird, eine Regierung oder ein Individuum die Zernichtung des Gegners unternimmt.«

Jacob Burckhardt, ›Fragmente‹

»Muß nicht in jeder Zeitfolge sich jedes Verhältnis verändern und eben darum eine alte Verfassung die Ursache von tausend Übeln werden, weil sie den gegenwärtigen Zustand des Volkes nicht umfaßt?«

Goethe, ›Egmont‹, IV. Akt

»Strafe für Firmen ohne Lehrlinge!«

›Schweizer Tagesschau‹ vom 27.3.2003

»Eine Katastrophe, daß nur drei von zehn deutschen Betrieben Lehrlinge ausbilden ... Der DGB fordert seit langem eine Ausbildungsabgabe, die alle Unternehmen zu leisten hätten, die keine Lehrlinge ausbilden ... Eine Zwangsabgabe, wie sie die Lehrstellen-Initiative auch in der Schweiz fordert.«

›Basler Zeitung‹ vom 28.3.2003

Im mittleren Management in der Marketing-Abteilung. Ihr Chef – der hier nicht auftritt –, ist Gebieter über etwa hundert Mitarbeiter – genau gesagt: ist es gewesen. Denn heute muß er nicht nur dreizehn entlassen, sondern er ist selbst entlassen worden! Er befleißigt sich, diese »Redimensionierung« – verharmlosender ist das nicht auszudrücken – seinen »Leuten« so menschlich wie möglich beizubringen, denn er verurteilt diese Einsparungen als so amoralisch wie unnötig. Weder finanziell noch von der Auftragslage bestehen Gründe, jetzt Mitarbeiter wegzuschicken, von denen einige schon aufgrund ihres Alters keinen Job mehr finden werden. »Natürlich« wagt er nicht, das laut zu sagen. Und auch nicht, sich selbst einzugestehen, wie verächtlich er es findet, sich heute hier als Handlanger derer mißbrauchen zu lassen, die ihn noch ganze zwei Monate »lang« bezahlen.
Da Frankfurt als Tatort genannt wird, »babbelt« einer der drei.

Kleines Büro, »Arbeitszelle«, von ernüchternder Konformität, eine von Hunderttausenden in jedem Land, in jeder Branche. Walter ist 47, dreifacher Vater, geschieden. Die auf ihn einredende, sehr mütterliche Kollegin ist Mitte Fünfzig und insofern abgesicherter, als sie schon Frührente erhalten wird.

CHRISTA: Nun reg dich ab, sei froh, daß dir der Elan
geblieben ist, denen wenigstens die Zusage abzutrotzen
– hoffentlich schriftlich –, dir ab und zu
noch einen Auftrag zuzuschanzen.

WALTER, *bitter, während Christa aufsteht, eine schmale Türe der Schrankwand mit Leitzordnern öffnet, um einen auf den Tisch zu legen:*

Elan? Der Zwang dazu! Wer nimmt mich noch mit 47?
Im Marketing ist das so schlimm, als wärst du
in anderen Branchen 57.
Aber ich hab' ja nichts anderes gelernt als Werbung.
Und muß noch froh sein, für die, die uns heute feuern,
ab und zu einen Anzeigenfeldzug durchziehen zu dürfen!
Womit sie mich auch sehr raffiniert schachmatt setzen:
darf deshalb zu keinem Anwalt, um eventuell noch
ein Jahr Gehalt rauszuschinden statt nur
für drei Monate.

CHRISTA: Verdammt clever von denen, dich einzulullen,
indem sie dir freiberuflich ab und zu was geben.

WALTER: Deine Idee, Christa, ich sollte hier wenigstens
meine Pensionskasse stehenlassen, zwar gut gemeint,
doch völlig illusorisch: Woher sonst das Startkapital
bei drei Gofen und noch einer Geschiedenen mit Kind.
Du hast erzählt, dein Bruder hat drei Jahre gebraucht,
bis seine Praxis rentierte. Welche Bank gäbe mir Kredit,
verpfändete ich ihr nicht meine Pensionskasse!

CHRISTA, *entnimmt dem Leitzordner einzelne Papiere, teils in Cellophanhüllen:*
Meine Privatpapiere, sogar noch der Scheidungsscheiß,
den ich wegen der Kinder nicht daheim aufhob
– fehlte noch, daß ich die in der Firma vergesse,
wir dürfen doch vom dreißigsten an unser Büro
nicht mehr betreten!
Dabei hatten wir noch Schwein, daß wir in einem
Konzern waren, der überhaupt eine Pensionskasse hat!
Denk mal an die Buchhändler, deren Laden neulich
dichtmachen mußte – nicht *einen* Pfennig erhielten die
von ihrer Firma! Und so geht's schließlich allen
in kleinen Firmen; daß sie am Ende nichts haben
als ihre beschissene Angestelltenversicherung.

Franz, *tritt ein, neunundvierzig Jahre – demnach auch schon weitgehend chancenlos. Den Hals eingezogen, als habe er die Last des Lebens als Gewicht auf seinen Schultern; sogar die Augenlider sind herabgezogen. Er schmeißt einen aufgeschlagenen ›Spiegel‹ auf den Tisch:*
Bin davongekommen – darf bleiben, kriege den Job
eines Greenhorns, das von selbst geht!
Finanziell nicht zu weit herabgestuft, aber erniedrigend:
Muß tun, was jeder Kretin kann: hol mir – bring mir –
mach mir. Mit 49.
Hab' den Job nur behalten, weil die fürchten,
ich kriegte meinen zweiten Infarkt.

Christa, *trocken:*
Immerhin. Das erfährt ja keiner außerhalb der Firma:
kannst dich jetzt aus ungekündigter Stellung bewerben.
Gratuliere!

Franz: Bewirb dich mal mit 50 in unsrer Branche!

Das Telefon klingelt, keiner nimmt ab.

Christa: Soll's klingeln. Hier gibt's uns bald
doch nicht mehr. Muß man denen lassen,
haben uns drei so abgefertigt, daß wir
nicht mal zum Betriebsrat laufen können!

Walter, *in Wut:*
Blöd waren wir aber, zu selbstsicher, nicht selbst
Betriebsräte geworden zu sein, unkündbare.

Christa: Soll ich weinen oder lachen: Ich werde bar bezahlt,
damit ich *nicht* arbeite: Nutze der Firma mehr,
wenn ich zu Hause bleibe, kriege Zweidrittel meines
Gehalts. Demütigend …

Walter: Zur Presse! Loyalität sind wir natürlich dem Laden
nicht mehr schuldig, der nach Riesengewinn-Jahren

langjährige Mitarbeiter rauswirft, nur weil er einen
maroden Konzern dazukauft, um seinen Reibach
an der Steuer vorbeizubugsieren!

CHRISTA, *einfach, sachlich:*
Ja! Damit institutionalisieren sie gradezu die Illoyalität.

WALTER, *steht auf, als wolle er sofort zu einer Redaktion gehen:*
Bringen wir doch die Scheiße an die Öffentlichkeit.

FRANZ, *schon resignierend, mit Hohn:*
Öffentlichkeit? – Willst du unter falschem Namen
– unter deinem würdest du ja die Pension verlieren! –
einen Leserbrief schreiben? Welche der zwei Zeitungen,
die hier in Frankfurt noch über Lokales berichten,
gäbe dir Öffentlichkeit gegen einen Konzern,
der ihnen solche – oft blattgroßen – Anzeigen beschert?

WALTER, *sein Nicken, seine Handbewegung signalisieren endgültige Resignation:*
Ja, welcher Hund beißt die Hand, die ihm Wurst gibt?

CHRISTA, *ebenso:*
Gefährdet die Fallschirme nicht, die immerhin
uns dreien der Laden auch noch hinhält.

WALTER: Christa, du hast doch erzählt, dein Sohn hat in den
Semesterferien beim SFB gejobbt. Kennt er da keinen
Journalisten, der mal im Fernsehen unser Elend zeigt?

CHRISTA, *ironisch, ja fast empört:*
Und was glaubst du, wie lange, wie kurz unser Konzern
bräuchte herauszufinden, wer den Sender informiert hat?
Spätestens drei Tage, nachdem der SFB beginnt,
hier zu recherchieren – hätten die mich gefunden und
ich wäre meine Rente los, wegen Weitergabe von Interna.
Nee – wie ihr's auch dreht und wendet: Sogar als
Ausrangierte bleiben wir völlig vom Konzern abhängig.

FRANZ, *verweist auf den ›Spiegel‹, den er auf den Tisch warf:*

Ungestraft wird keine Nation die Schülerin der Amis – scheint euch gar nicht zu interessieren, warum ich den mitgebracht habe.

WALTER, *der das offenbar schon gelesen hat:*
Die Mercedes-Manager lernten in den USA, daß sie nur dann ihre Gehälter von bisher schäbigen 2,5 auf jährlich 15,5 Millionen *versechsfachen* dürfen, wenn sie den pleite gegangenen Chrysler-Konzern kaufen, weil der nämlich seinen Managern 15,5 jährlich bezahlt.

CHRISTA, *sprachlos:*
Versechsfacht auf 15 Millionen?

FRANZ: Ja, heute vierhundertmal soviel, wie die einem *Arbeiter* zahlen; richtig gehört: *Vierhundertmal* soviel!

CHRISTA, *belustigt:*
Und dagegen hilft nichts als ein Wodka?

WALTER, *resigniert, zieht aber schon die Wodkaflasche aus seinem Schreibtisch, Christa holt drei Gläser:*
Doch, eine Kalaschnikow würde helfen – wer aber hätte Lust, lebenslänglich zu sitzen, nur damit endlich wieder einmal ein Dollar-Diktator umgelegt worden ist …

FRANZ: Diktator?

WALTER: Ja, Diktator – wo ist der Unterschied, ob dich einer *uniformiert* in die Wüste schickt wie der Hitler sein Afrikakorps – oder in Zivil in die Wüste schickt wie unser Boss *uns* … hast doch neulich auch den Stauffenberg-Film gesehen!

CHRISTA, *die drei trinken Wodka:*
Wer ist Stauffenberg?

FRANZ: Hat ein Attentat auf Hitler gemacht – Sprengstoff, der aber den Hitler nur lebendig in den Garten geschleudert hat.

WALTER: Doller Film, ja. Hat auch zitiert, was der Marschall Rommel gesagt hat, weil's schief gegangen war:

Hat man denn keinen
Hauptmann mit Armeepistole gehabt?
Eine Kalaschnikow fänden auch wir, aber wer will's
machen?

FRANZ: Noch spannender als der Film war hernach die
Diskussion:
»Mord als Hilfsmittel« – nämlich: »bei Abwesenheit
aller legalen Rechtsmittel, da man Richter in
eigener Sache wird« ... das

CHRISTA: *nimmt das auf, sagt, um sich's klarzumachen:*
»Bei Abwesenheit aller Rechtsmittel« – so geht's uns.
Kein einziges Rechtsmittel haben wir,
in die Rente entlassen, manche mit ihnen aufgezwungener
Entschädigung – unmöglich aber, dagegen zu klagen;
nicht mal – wären wir da Mitglieder! –
zur Gewerkschaft laufen, würde uns helfen.

WALTER, *lapidar als Schlußwort:*
Genau so ist es: Abwesenheit aller Rechtsmittel
– Franz, wie sagten die in dem Film?

FRANZ: Da man Richter in eigener Sache wird ...

CHRISTA, *traurig, doch aufsässig:*
Werden *sollte*. Aber wir tun's nicht, keiner –
statt danach zu handeln: Wo kein Richter,
kommt ein Rächer ... Ihr Männer, wo bleibt denn
einer von euch mit der Kalaschnikow? Ein Rächer!

WALTER, *kläglicher als beklagenswert:*
Wir nehmen nur Wodka, keine Kalaschnikow.

FRANZ, *ebenso:* Und weil die das wissen da oben, nur deshalb:
springen die so mit uns um ...
Scheißkerle – *wir*!

WALTER: Darst nur den hier kaufen, den grünen – nicht den
blauen Gorbatschow, zu harmlos!

CHRISTA: Stimmt – deshalb müssen sie im Supermarkt

den grünen ins Hinterzimmer stellen:
der wird nämlich immer geklaut,
im Gegensatz zum blauen!

FRANZ: Der zuverlässige Qualitätsnachweis!

Vorhang

WALTER, *tritt heraus, Vorhang hinter ihm bleibt geschlosssen, er sagt:*

Menschen wenig gefragt

Wo sind die Arbeiter? Neubau
der Autobahn Sachsen-Anhalt-Berlin.
Fast menschenleer in der Rückschau,
im Spiegel beim Vorüberziehn
die bunten Maschinen.
Enorm ihre Wucht, Effizienz, Zahl.
Doch als ob die sich selbst bedienen
– bedrückend wenig Personal!

Immer mehr Menschen werden
immer weniger gebraucht.
Lohnlos in sinnentleerten
Existenzen abgetaucht,
verlieren sie ihre Identität;
mit dem Markt- auch den Eigenwert:
Leichter austauschbar als jedes Gerät
– wie Kippen weggekehrt.

FÜNFTER AKT

Aktien steigen, wenn Arbeitnehmer fallen

2001: Drei Großbanken schließen 970 Filialen,
da der *Staat* zahlt, die »abgewickelt« stempeln gehen.
Deutsche Bank, ausgerechnet beim triumphalen
Rekordgewinn, im 130. Jahr seit Bestehen:

9,4 Milliarden Reingewinn in *einem* Jahr! –
schloß alle Filialen mit weniger als acht Angestellten.
Aussaniert; Freigestellt; Outsourcing: Vokabular
von Sadisten, die dank »Rechts«-Anwälten

11 080 Mitarbeiter wegschmeißen für Geldautomaten:
Vorstandsdrohnen – Jahreslohn: 6,95 Millionen
Euro, dürfen alle Soziallast dem Staat aufladen;
trotz regierender SPD ihre Shareholders schonen.

»Die SPD stützt, was die nebbichem ›Personal‹ zufügen,
stellt Konzerne wie Mercedes 100prozentig steuerfrei.
Da Genossen längst das Volk mit dem S nur betrügen,
braucht Europa eine *revolutionäre* Partei!«

›Stern‹ vom 10. 1. 2002

Der Erste Senat im Bundesverfassungsgericht.

Der abwesende Beschwerde-»Führer« Walter Schuster wird durch seine Anwältin Dr. Hilde Zumbusch vertreten. Auf das Wort »Führer« konnten wir Deutschen nicht einmal bei »Führerschein«, unserem uns herznächsten Papier, verzichten, als wir nach des Führers Tod die Republik gründeten! Die DDR sagte vernünftig ›Fahrerausweis‹. Als die DDR kampflos der BRD zugefallen war, verfügten die Bonner Okkupanten, auch »drüben« im Restdeutschland heiße es fortan »Führerschein«. Dieses Beispiel zeigt drastischer als andere, welchen Zweck und Sinn meist die »Geschenke« hatten, die den Ossis von uns Wessis aufgenötigt wurden.

Das Bundesverfassungsgericht wird berufen, je zur Hälfte von Bundesrat und Bundestag, also von Leuten, die die Richter nur aus den Akten kennen – meist auch deren Namen noch nie gehört haben. »Keine Firma wäre so fahrlässig, jemanden einzustellen, den sie nicht kennt«, kommentierte das eine Karlsruher Professorin der Jurisprudenz und fügte hinzu: »De facto wird zwischen den großen Parteien ›ausgemauschelt‹, wer ans Bundesverfassungsgericht berufen wird; auch, ob die Mehrheitspartei gnädig dem kleinen Koalitionspartner einen Sitz überläßt.«

Das Bühnenbild ein U – offen aus der Sicht des Parketts: An der Stirnwand der durch Podest erhöhte Richtertisch. An den zwei Längsseiten, zu diesen parallel, die je zwei kleineren Tische (natürlich nicht auf Podesten) der Prozeßbeteiligten und für die Presse und Sachverständigen; immerhin sind auch diese Tische so lang, daß je drei Personen nebeneinander an ihnen Platz haben. Dahinter je eine Reihe Stühle für Zuhörer im Gerichtssaal; in Wirklichkeit – doch Bühnen haben ihre eigene Wirklichkeit – ständen die so im Gerichtssaal, daß sie den Theaterbesuchern den Blick auf den Richtertisch verbauten …

Über den vier Richtersesseln für zwei Frauen, zwei Män-

ner, die hohen Lehnen so karmesinrot wie die Roben, der dem alten Bundestags-Adler nachgebildete hölzerne Staatsadler.

An einer der Längswände das Foto des Bundespräsidenten. An einem der beiden Tische sitzt Hilde allein, vor ihr eine große Tischkarte – weißes Schild, schwarze Schrift: Beschwerdeführer.

Ihr gegenüber, parallel zur anderen Längswand, wieder zwei Tische; der eine, mit zwei Statisten besetzt, trägt das Schild: Presse. Der zweite Tisch das Schild: Antragsgegner. Der ist hier die Bundesregierung.

Ein weiterer Tisch hat die Karte: Sachverständige. Die dort sitzen, sind natürlich Interessenvertreter, durchaus gegensätzlicher Interessen, versteht sich: die der Arbeitnehmer, der Arbeitgeber, die des Industrie- und Handelstags, auch Vertreter des mittelständischen Gewerbes und der Gewerkschaften.

Einer der vier Richter hat vor sich die Karte: B.E. Das heißt: Berichterstatterin oder Berichterstatter.

Es gibt keinen Tisch für einen Protokollschreiber, weil es – richtigerweise – verboten ist, Protokolle zu führen, die nur geeignet wären, die freie Rede einzuschränken; ebenso verboten sind Ton- und Fernsehaufnahmen.

Ein Dienstagvormittag, zehn Uhr, sehr wenige Zuhörer, höchstens fünf; eine Schulentlassene, ein »alter« Mann, Mitte Fünfzig; also nicht wirklich alt, sondern nur unter dem Aspekt, ihn »wegzuschmeißen« vom Arbeitsmarkt, als Ballast. Noch hat ja die Presse nichts gemeldet, so wird dieser erste Tag der Verfassungsbeschwerde von der Öffentlichkeit kaum beachtet.

Ein Gerichtsdiener, Schirmmütze, schwarze Hose, graue Amtsjacke, tritt durch die schmale braune Tür hinter den noch leeren Richtertisch und klopft mit einem Bambusstab mit Knauf, der ungefähr so hoch ist wie der Mann selbst, dreimal aufs Parkett und ruft:

Amtsdiener: Das Bundesverfassungsgericht!

Er tritt in den Hintergrund neben die Tür, die er dann abgehend hinter sich zumacht, sobald die vier eingetreten sind. Zwei Richterinnen, zwei Richter; alle zwischen Ende Vierzig und Ende Fünfzig; die Männer legen ihr Barett auf den Tisch vor sich, die Damen behalten es auf – es steht ihnen gut, in einer Zeit, die weitgehend die Hüte abgeschafft hat.

Alle im Saal sind aufgestanden, setzen sich wieder, sobald die Richter Platz genommen haben.

Der Vorsitzende, *etwa sechzig, von den zwei Richterinnen eingerahmt, nickt dem von ihm aus links außen Sitzenden zu, der hier den B.E. macht, ein jüngerer Bundesverfassungsrichter, und sagt:*
Ich eröffne die Verhandlung Walter Schuster
gegen die Bundesrepublik Deutschland.
Bitte, Herr Berichterstatter.
Dann fürsorglich erklärend angesichts der Zuschauer:
Dann werden die Sachverständigen vom Gericht befragt.
Berichterstatter, *den wir bereits als Kurt im ICE und als Brown kennengelernt haben, beginnt:*
Es geht um die Verfassungsbeschwerde Walter Schuster.
Hier heute nicht anwesend, da schwer erkrankt,
doch vertreten durch seine Rechtsanwältin:
Frau Dr. Hilde Zumbusch.
Hilde, *nachdem der Berichterstatter im Abgehen zu seinem Platz auf dem Richterpodest ihr zugenickt hat, steht auf und lehnt sich an ihren Tisch:*
Hohes Gericht! Der heute 37jährige Bundesbahner
arbeitete seit dem 23. Lebensjahr und wurde entlassen.
Seine Klage auf Wiedereinstellung – wegen sozialer Härte –
war vor allen drei Instanzen erfolglos:

Vor dem Arbeitsgericht, Landesarbeitsgericht,
zuletzt vor dem Bundesarbeitsgericht Erfurt.
In der Sache wendet sich der Beschwerdeführer
gegen die Auffassung des Bundesarbeitsgerichts,
das die Klage auf Wiedereinstellung mit der Begründung
abgewiesen hat, es gebe *kein Recht auf Arbeit.*
Das ist ein historischer Augenblick:
Das Bundesverfassungsgericht ist konfrontiert mit einer
Verfassungsbeschwerde, deren Bedeutung
weit hinausgeht über jeden Einzelfall, weil sie darauf zielt:
»Das dem Menschen zustehende Recht auf Arbeit
im Grundgesetz der Bundesrepublik zugunsten
aller Bürger zu verankern«!
Ich lege eine Fülle historischer Belege vor...,

Sie hat einen schmalen Leitzordner, der viele Cellophanhüllen enthält, aufgeschlagen, blättert ihn auf, indem sie ihn dem Richtertisch wie den Tischen der Sachverständigen hinhält:

... die unter anderem – unter sehr vielen anderen –
beweisen, daß schon im 18. Jahrhundert durch einen
französischen König, durch Ludwig XVI.,
das Recht auf Arbeit bereits zum Grundsatz
gemacht worden ist.
Und daß auch Bismarck dem Reichstag das »Recht auf
Arbeit« *vergebens* als Gesetz vorgeschlagen hat;
der Kanzler wurde abgewiesen, ja, der führende Sprecher
der Liberalen hielt dem Kanzler vor,
was er plane, sei – wörtlich –
»nicht mehr nur sozialistisch, sondern bereits
kommunistisch«!

Im Gerichtssaal deutlich höchstes Erstaunen, einer vom Tisch der Beschwerdegegner, das heißt der Bundesregierung, ruft:
»Kommunistisch«! – Bismarck?

BERICHTERSTATTER: Sie hörten richtig!
Beschwerdeführer macht geltend: Deutschland müsse
angesichts seiner 4,5 Millionen Arbeitslosen,
das »Recht auf Arbeit« verfassungsrechtlich garantieren.

HILDE, *nickt ihm zu:*
Danke! Auch Italien hat gleich nach dem Krieg
das »Recht auf Arbeit« in seine Verfassung geschrieben,
ebenso Ostdeutschland, wie einst die Weimarer Verfassung.
Hohes Gericht! Verschließen wir uns doch nicht
dem größten aller Ärgernisse: Daß tatsächlich,
wie sonst bis vor kurzem allein die Schweiz,
ehemals kommunistische Staaten Vollbeschäftigung hatten!
Zum Beispiel die untergegangene DDR.
Wir hören das nicht gern – bestreiten jedoch läßt sich nicht,
daß nicht nur – die Grundthese von Marx –
unser gesellschaftliches Sein, sondern vor allem auch
unsere *Herkunft* unser Bewußtsein bestimmt.
Zugegeben: Bei Kommunisten war das eine staatlich
subventionierte Vollbeschäftigung – aber da der Staat
auch bei uns die Arbeitslosen ernährt: Warum dann nicht
den dritten Pförtner subventionieren, dort wo zwei
auch genügten? Der dritte, eigentlich überflüssige, müßte
dann nicht als Outcast leben, sondern als Mitarbeiter;
er wäre nicht wie jeder Arbeitslose *entwürdigt* mit
all den bekannten negativen Folgen.
Das Recht auf Arbeit darf natürlich keinen Anspruch
auf einen *bestimmten*, sondern nur auf
einen Arbeitsplatz garantieren.

Die Unzumutbarkeit einer angebotenen Arbeit
ist nachzuweisen. Doch in unseren Chefetagen ist
seit langem das Wegrationalisieren von Arbeitsplätzen
das Evangelium.
Heilung vom Wahnsinn, Arbeitsplätze einzusparen,
kann nicht privatem Gutdünken überlassen bleiben,
weil die Unanständigkeit unserer Unternehmer
so hemmungslos ausgeartet ist, daß sie,
früher undenkbar, sogar nach Rekordgewinnen
treue Mitarbeiter wegschmeißen:
Beispiel Deutsche Bank, die im 130. Jahr ihres Bestehens
das Rekordgewinn-Jahr überhaupt in ihrer Geschichte
hatte, nämlich 9,4 Milliarden Reingewinn
und dennoch – laut ›FAZ‹ –
zuerst 10 Prozent ihrer Mitarbeiter wegschmiß ...
jetzt sogar 14,31 Prozent.
Allein dieses Beispiel belegt: Recht auf Arbeit *muß*
endlich ins Grundgesetz!

Knappe Verbeugung vor dem Richtertisch, sie setzt sich. Ungeduldig, gereizt, da sie vieles sagte, was ihm als Systemnahem gegen den Strich ging, aber doch als Mann nicht unbeeindruckt von dieser schönen, noch jungen Frau, sagt der (uns bereits als Großvater bekannte)

VORSITZENDE: Danke, Frau Dr. Zumbusch.
Herr Staatssekretär Dr. Schulze-Memmingen,
Sie wünschen namens der Bundesregierung als der
Antragsgegner das Wort. Bitte sehr!

SCHULZE-MEMMINGEN, *auf dessen Schild »Bundesregierung« steht, ist von gönnerhafter Gemütlichkeit. Er hütet sich zwar, Hilde als weltfremde Utopistin abzutun, steht aber*

mit ungebrochenem Machtbewußtsein »voll« da, übrigens auch körperlich, ein fetter Riese, wir kennen ihn schon als Präsidenten aus dem Dritten Akt, ›Global Player...‹:
Hoher Senat, meine Damen und Herren!
Daß bereits vor 115 Jahren Bismarck ein
Gesetz »Recht auf Arbeit« vergebens vorgelegt hat –
natürlich nur, um die SPD überflüssig zu machen –,
ist noch kein Beweis, daß ad eins:
Ein solches »Recht auf Arbeit« Hand und Fuß hätte.
Und ad zwei: Daß es jemals – Beispiel Italien,
dem Wirtschaftsleben eine Hochkonjunktur beschert hätte.

Er lacht dumm wie ein Sieger, sieht sich auch um, ob wenigstens allgemeines Schmunzeln bei seinen Hörern festzustellen ist – seine Wirkung wäre stärker, wäre sein Selbstbewußtsein geringer, aber er ist von deprimierender Arroganz.

VORSITZENDER, *mit leiser Ungeduld:*
Herr Staatssekretär, wollen Sie sich bitte auf das
Verfassungsrechtliche beschränken.
HILDE, *während er stehenbleibt; sie erhebt ihren Vorwurf ironisch, kaum aggressiv:*
Kein Mensch, der fordert, das »Recht auf Arbeit«
dem Grundgesetz einzuverleiben, tut das in der Erwartung
»dem Wirtschaftsleben eine
Hochkonjunktur zu bescheren«.
Aber *weil* Vollbeschäftigung *nirgendwo mehr möglich ist,*
sogar die Schweiz allein aus Banken schon 25 000
entlassen hat – so *kann* nur durch Garantie des Rechts
auf Arbeit die künftig notwendige Verordnung:
Arbeit zu teilen,
vom revolutionären zum gesetzlichen Schritt werden.
SCHULZE-MEMMINGEN: Sie können doch nicht

eine Verpflichtung des Staates konstruieren,
daß er der Wirtschaft befiehlt, Arbeitsplätze zu schaffen!

HILDE: Wieso nicht?
Der Staat selbst muß Großfabrikant werden,
wie Burckhardt das schon vor hundert Jahren schrieb.

SCHULZE-MEMMINGEN: Widerspricht der Vorstellung vom
Individuum, dem die Freiheit, ja, die Chance zum Erfolg –
und natürlich auch das Risiko des Mißerfolgs – immanent ist.

BERICHTERSTATTER, *mit ironischem Unterton, bitter:*
Herr Staatssekretär! »Die Chance zum Erfolg«?
Bei Leuten, die mit fünfzig entlassen werden?

VORSITZENDER, *vermittelnd:*
Das frei wirtschaftende Individuum ist eine Illusion –
längst! Sicher hat der Staat die Gesamtverantwortung.

SCHULZE-MEMMINGEN: Und wer soll das bezahlen?

HILDE: Dieselben Kassen, die schon heute für unsere
Arbeits*losen* aufkommen – deren viele es nicht gäbe, gäbe
es ein »Recht auf Arbeit«: Gesetzlich, also einklagbar!
Und müßten Unternehmer, die Riesengewinne machen,
Entlassungssteuer zahlen, wie neulich in der Schweiz
eine Volksinitiative gefordert hat.

SCHULZE-MEMMINGEN: Quatsch: Eine Entlassungssteuer
führte allein dazu, daß überhaupt keine Leute
mehr feste Arbeitsverträge bekämen.
Welcher Unternehmer stellte noch ein,
müßte er Steuern zahlen, wenn er entläßt?

Die Saaltür fliegt auf, beide Flügel gleichzeitig, und sechs Zwanzig- bis Dreißigjährige stürmen den Saal – nicht zufällig Zusammengelaufene, sondern eine Interessengemeinschaft, die sich vormacht, die Beschwerdeführerin zu unterstützen. Das Gegenteil ist natürlich der Fall. Ein Trompeter an der Spitze, der offensichtlich schlau genug war, erst hier sein In-

strument auszupacken, weil er sonst schon draußen von der Polizei abgefangen worden wäre. Er setzt die Trompete an. Ein Laken, an zwei Stangen befestigt, von einer Studentin und einem Studenten Hildes getragen, wird auch erst hier im Saal entrollt und breit hingehalten, beschrieben mit der Forderung:

RECHT AUF ARBEIT – MENSCHENRECHT
WIE ESSEN, TRINKEN, WOHNEN!

Der Trompeter nutzt sein Instrument souverän: Gebieterisch schafft es Ruhe: das Signal der US-Kavallerie, aus Wildwestfilmen bekannt.

DIE PETENTIN, *eine große Blondine; wie sie juristisches Vokabular in ihre frei vorgetragene, zweifellos nicht improvisierte Rede mischt, verrät sorgfältige Vorbereitung:*
Hohes Gericht – wir sahen uns genötigt zu diesem Auftritt,
weil von der ›FAZ‹ bis zum ›Bayernkurier‹
keine auch nur eine Zeile geschrieben hat
über das »Recht auf Arbeit«!
Doch nicht die öffentliche – die *veröffentlichte* Meinung
ist relevant. Wir sind hier, weil wir hoffen, wenigstens
ungeladene Gäste werden von der Presse wahrgenommen.

Trompetenstoß. Sie legt jetzt, demonstrativ aus der Gruppe heraustretend, die Petition auf den Richtertisch und sagt:

Herr Vorsitzender, unsere Interessen-Gemeinschaft
dokumentiert mit dieser Petition, unterschrieben von
12 000 Mitbürgern: Sie steht hinter der
Verfassungsbeschwerde des entlassenen Eisenbahners.

Sie hat nicht ohne Höflichkeit, ja Ehrerbietung – graziös und schön, auch gepflegt angezogen – vor dem Gericht ihre Petition auf den Richtertisch gelegt, dort, wo der Vorsitzende sitzt. Der reagiert nun völlig anders, als die Demonstranten erwartet haben, nämlich ganz »ungerichtlich« mit Humor und Gelassenheit, zum Ärger zweier seiner Mitrichter, so daß die Petenten und Eindringlinge nahezu entwaffnet, jedenfalls aber zuerst einmal sprachlos sind.

VORSITZENDER: Offenbar wollen Sie zuhören,
meine Damen und Herren, nehmen Sie Platz.

Neuer Trompetenstoß.

BEISITZENDER RICHTER, *sehr verärgert, ja wütend; schon aufstehend, setzt sich dann wieder:*
Herr Vorsitzender, ich verfüge nicht über Ihren Humor,
Sie werden nicht erwarten, daß wir weiterarbeiten!
VORSITZENDER, *der die ihm hingelegte Unterschriftensammlung in Cellophanhüllen in einem schmalen Leitzordner aufblättert:*
Ich glaube, doch – glaube der Petentin, daß es ihr
so ernst ist wie der Ernst der Spruchbänder!
Die haben sich immerhin die Mühe gemacht,
12 000 Unterschriften zu sammeln.
RICHTERIN: Vielleicht, Herr Vorsitzender,
geben wir erst einmal ...
Sie herrscht die Demonstranten an:
Aber nun nehmen Sie gefälligst Platz, wenn wir schon
trotz Ihres unbefugten Eindringens
auf die Hinzuziehung der Sitzungspolizei verzichten!
Rollen Sie Ihr Spruchband ein!
Hier ist keine Demonstration gestattet.

Mit diesem Satz hat sie ein bißchen zu rüde zwei, die sich nicht wie die anderen gesetzt haben, angefahren. Geschrei; diese Eingedrungenen sind am Richtertisch aggressiv stehengeblieben und bleiben da nun erst recht, während die vier anderen sich auf Zuschauerstühle gesetzt und das Spruchband eingerollt haben.

ERSTER SCHREIER: »Sitzungspolizei« sagt die im Ernst.
SCHREIERIN, *lachend, sehr laut rufend*:
Polizei, Polizei, Polizei!
ZWEITER SCHREIER: Mich laust der Affe –
Polente will die holen!

Die ist schon da. Wieder ist die Saaltür aufgeflogen. Die durch das Geschrei alarmierte »Sitzungspolizei«, so heißt das amtlich, dringt ein: Zwei grünberockte BGS-Männer, die träge wirken, weil sie zeitlebens, während ihres Wachestehens, nie mit anderem als Einschlafen zu kämpfen hatten; immerhin, sie tragen Handschellen an ihren Gürteln und haben Pistolentaschen.

VORSITZENDER, *mit der Glocke:*
Wenn Sie zuhören wollen, das heißt Platz nehmen,
dann argumentieren wir weiter –
wenn nicht, schließe ich die Verhandlung.
Zu den BGS-Männern:
Lassen Sie die Demonstranten Platz nehmen!

Er hat endlich erreicht, daß die Polizisten die Demonstranten nicht entfernen. Die Polizisten hatten sofort »zugreifen« wollen, sich ausgerechnet an dem Bedrohlichsten unter den Schreiern vergriffen, an jenem Hünen Günter Wetzel. Wetzel, als einer der Polizisten ihn fassen und hinausdrängen wollte,

hat aus seiner weiten, weitaufgebläht aussehenden Windjacke eine Europafahne gezogen und auf den Polizisten mit dem nicht sehr großen Fahnentuch ohne Stange eingeschlagen; hat aber gleich damit aufgehört, als auf Ruf des
VORSITZENDEN *zu dem BGS-Mann:*
Lassen Sie den Mann los – bitte!
der Polizist Wetzel nicht weiter angriff. Immerhin könnte der Vorsitzende ihn für eine volle Woche auf der Stelle einsperren, wie im Gerichtsverfassungsgesetz, Paragraph 176, 177 und 178, zu lesen ist. Einer der Richter, der zu Beginn den Vorsitzenden aufforderte, abzubrechen, hat sich demonstrativ wie Schulze-Memmingen davongemacht. Vorher sagt er:

BEISITZENDER RICHTER: Lehne ab, an einem Verfahren
teilzunehmen, das nicht mehr von der Würde des Gerichts
getragen ist, sondern der Regie von Chaoten untersteht,
die für eine Woche zu inhaftieren sind.
Ich lehne es ab, Herr Vorsitzender...

Er kann den Satz nicht beenden, weil ihm zugerufen wird:

DEMONSTRANTIN: Scheißrepublik, wo schon die Übergabe
einer Petition durch eine Woche Haft bestraft wird.
WETZEL, *so verächtlich wie möglich:*
Weil unsere Bittschrift
– übrigens, was für ein beleidigend frommes Wort –
weil also unsere Kriegserklärung an diesen Staat
Forderungen erhebt, die keine Zeitung
zu drucken wagt, liest auch das Gericht sie lieber nicht!
VORSITZENDER, *sehr ironisch zu Wetzel, während der sich gesetzt hat:*
Ich hätte Ihre Petition nicht angenommen,
wollte ich sie nicht studieren!

Aber der Petitionsausschuß des Bundestages wäre
Ihre richtige Anlaufstelle: Das Bundesverfassungsgericht
– sehr gut so – ist nicht befugt, Gesetze zu erlassen,
das dürfen nur Parlament und Bundesrat.

WETZEL, *wieder steht er auf, ehe er spricht:*
Und warum, Herr Präsident …

VORSITZENDER: Bin kein Präsident,
nur Vorsitzender dieses Senats.

WETZEL: Herr Vorsitzender, warum, wenn *wir* an die
falsche Adresse gerieten, ist dann Frau Zumbusch,
die sich doch auskennt, an der richtigen?

VORSITZENDER, *zu Hilde:*
Wollen Sie das bitte selbst erklären, Frau Rechtsanwältin.

HILDE, *ist aufgestanden, spricht zu Wetzel hin; wie sie zu ihm redet, verdeutlicht, daß sie ihn nicht nur längst kennt und schätzt, sondern ihn und seine Mitstreiter hierherbestellt hat:*
Ich streite hier für einen Eisenbahner, der dreimal,
vor drei verschiedenen Gerichten, abgewiesen wurde …
Zuletzt vom Bundesgerichtshof in Erfurt. Erst dann,
so schreibt das Gesetz vor, darf ein Bürger
hier in Karlsruhe …

WETZEL, *ruhig, daher überzeugend:*
Dampf ablassen, damit der Kessel nicht explodiert!

Kopfbewegung zum Vorsitzenden hin; während er spricht, kommt er nicht nach vorn, um nicht dem Theaterpublikum den Rücken zuzuwenden, sondern er bleibt neben seinem Zuhörerstuhl unmittelbar neben Hildes Tisch stehen:

Ein freundlicher Richter läßt uns hier reden,
weil das nichts bewirkt. Seit Gründung Bonns
war in unserer Verfassung nicht eingeplant,

daß dem Individuum auch *wirtschaftlich* Gerechtigkeit
zuteil wird. *Wirtschaftlich* hängt in unserem Staat
der einzelne nicht am Tropf der Justiz,
sondern an dem des Kapitals.
Wird mir ein Portemonnaie geklaut, kann ich vor Gericht
gehen, wird einem der Arbeitsplatz geklaut,
gucken die Gerichte weg.

PETENTIN, *aus der hintersten Reihe – der Reihe Wetzels gegenüber –, ist aufgestanden:*
Nicht die Justiz – die *Wirtschaft* ruiniert den einzelnen!
Eine Verfassung, die mit keinem Paragraphen
vor wirtschaftlicher Willkür schützt, ist *Makulatur!*

HILDE: Hohes Gericht! Felonie nannten unsere Vorfahren
die Treulosigkeit des Herrn gegen seinen Knecht!

WETZEL: Untreue des Herrn gegen den Knecht ist, wenn
Siemens 12 000 Stellen abbaut, doch zugleich eine
Gewinnsteigerung um 20 Prozent ausposaunt!
2 Milliarden in *einem* Jahr: *Raubtierkapitalismus!*
Hätten unsere Mitbürger noch Ohren, hätten sie auch
Angst, daß morgen *sie* »freigesetzt« werden!
Wir sind eine nicht kleine Gruppe, die unserer Verfassung
den Krieg erklärt: Die wurde vor einem halben Jahrhundert
zwar guten Glaubens geschrieben, doch ohne Blick dafür,
daß die Rechte des einzelnen auch *vor der Wirtschaft*
unter Verfassungsschutz gestellt werden müssen!
Niemand sah die heutige Allmacht der Wirtschaft
auf den Nachkriegstrümmern voraus.

Er will sich setzen, bleibt aber stehen, weil die

PETENTIN *ergänzt:*
Die Konzerne verhindern, daß überhaupt eine Verfassung
geschrieben wird für ihre Global-Kreation Europa!

Tatsächlich hat die ›Neue Zürcher Zeitung‹ erst am 21. Juli 2002 auf einer vollen Seite mit großem Farbporträt von Giscard d'Estaing über die erste, sehr verspätete Vorbereitung zu einer EU-Verfassung berichtet: Der Franzose leitet in Brüssel den Konvent der 15 Mitgliederländer, die sich endlich eine Europa-Verfassung schreiben wollen. Auf dieser vollen Zeitungsseite kam das Wort Kultur nicht vor... ebenso wenig ein Hinweis auf die Erhaltung der europäischen Sprachen – anläßlich der Alleinherrschaft der englischen, schon heute, in allen EU-Organisationen.

HILDE, *ist an Wetzels Seite getreten, beide jetzt seitlich vor dem Richterpodest im Zentrum des Gerichtssaales. Spätestens hier wird deutlich, daß Wetzel Hildes Student auch Freund ist: Sie hat einen Lehrauftrag in Karlsruhe und in Bern ... Sie sagt mit ruhiger Sachlichkeit; hat jetzt ein Taschenbuch in der Hand, hält es hoch:*
Entwurf zum Europarecht als Taschenbuch
– macht die totale Zügellosigkeit der Wirtschaft
in Form uferloser Spekulantenfreiheit zum Gesetz.

Wetzel hält jetzt die Fahne hoch, mit beiden Händen ausgebreitet, so daß jeder sie als Sternchenbanner erkennt, aggressiv sagt er dazu:

WETZEL: Wir Europäer haben aus Phantasielosigkeit und Unterwürfigkeit gegenüber unseren Herren: den USA – ihr Sternenbanner kopiert. Weil wir jetzt in Europa ebenso den Profit zu unserem einzigen Gott machen.
HILDE: Ein Sternenbanner,
statt einer *eigenen* Fahne, blamabel!
Wir sollten unsere alt-ehrwürdigen Nationalflaggen
zusammenstücken zu einem Europa-Teppich,

der die *Unterschiede* der Nationen nicht *einebnet,*
sondern *hervorhebt* – sie sind so unbedingt erhaltenswert,
die Unterschiede, wie unsere *Sprachen*!

Sie hat einen Zettel aus der Tasche gezogen, um nur das abzulesen, was sie von Bourdieu zitiert, sonst spricht sie frei:

Ich schließe mit den Worten, die Frankreichs Soziologe,
der siebzigjährige Pierre Bourdieu, geschrieben hat:
»Dieses Europa hat keine andere Utopie als jene,
die sich aus den Unternehmensbilanzen ergibt!
Kein positives Projekt, nur das der *shareholders*,
denen es allein um maximale Renditen geht;
denen Bildung und Kultur nur als Produktionsfaktor
in den Sinn kommen …
Doch wir wollen kein Europa ohne
sozial-revolutionäre Idee, die sich als notwendig
– notwendig heißt: die Not *wendend*! –
bereits an jeder Straßenecke aufdrängt in einem Kontinent,
der bald so viele Arbeitslose zählt,
wie Spanien Einwohner!

WETZEL, *während Hilde zu ihrem Tisch geht*:
Diesem Europa ohne sozial-revolutionäre Idee
erklären wir den Krieg! Wie mit Worten, so mit Taten:
Ich verbrenne im deutschen Bundesverfassungsgericht
Europas falsche Fahne!

Das tut Wetzel. Das Feuerzeug längst in der Hand, zündet er die sofort hell auflodernde Fahne an, die zweifellos mit Benzin getränkt war, sonst könnte sie nicht so rasch zur hohen Stichflamme werden. Sie lodert so bedrohlich, daß Günter Wetzel sie gerade noch gefährlich nahe den Richtern auf deren Tisch werfen kann, dorthin, wo der jetzt leere Stuhl jenes

Richters steht, der mit dem Vertreter der Bundesregierung unter Protest die Sitzung verlassen hat. Der gepolsterte Stuhl fängt sofort Feuer. Während die BGS-Männer nicht wissen, wie sie reagieren sollen – Fahnenverbrennungen sind in ihren Vorschriften nicht vorgesehen – retten sich die Richter fluchtschnell durch die Tür hinter ihnen.

Vorhang

DIE PETENTIN *tritt vor den Vorhang und sagt, keineswegs mehr wie vorher aggressiv, sondern todtraurig:*

Arbeitslose

Die Frau, die noch vier Sunden putzen geht,
bemüht freundlich, doch verächtlich zum Mann,
der zwar nach Arbeit Schlange steht,
doch keine – und nie mehr! – finden kann:

»Depressiv verpennt hocken wir mutlos im Loch.
Wer Arbeit hat – hat das nie gefühlt!
Hier arbeitet nur *einer* noch:
Unser Eisschrank, der's Bier dir kühlt ...«

Er lacht verzerrt: »Die kürzen noch die Rente.
Dann ›findet selbst kein Bier mehr statt‹ ...
Europa zählt zur Jahrtausendwende
mehr Stempler, als Spanien Einwohner hat!«

Molières Tartuffe

Schauspiel in drei Akten

Personen in Auftrittsfolge

Erster Akt:

Chapelle
Molière
Madame Raisin

Zweiter Akt:

Molière
Madame Raisin
Chapelle
Armande

Dritter Akt:

Ludwig XIV.
Kardinal von Paris
Armande

Erster Akt

»Noch Papst Pius XII. verkündete in den fünfziger Jahren des 20. Jahrhunderts: Der Irrtum hat kein Recht auf Existenz und Propaganda – ein Satz dicht an der Inquisition. Denn ›Irrtum‹ manifestiert sich immer in Menschen. Erst sein Nachfolger Johannes XXIII. anerkannte die Religionsfreiheit als fundamentales Menschenrecht.«

›Der Spiegel‹ vom 1.6.1998

Im Arbeitszimmer Molières. Schöner Kamin mit stattlichem Feuer. Vornehmes Mobiliar des 17. Jahrhunderts. Mit Recht sagt sein ausgezeichneter Biograph Friedrich Hartau: »Molières Nachlaß stand in keinem Verhältnis zu seinem Einkommen. Das Wertvollste war das Mobiliar... Von seinen 350 Büchern sind nur die Folio-Ausgaben angeführt: u.a. Terenz, Ovid, Herodot, Corneille. Unter den Quartbänden, meist italienische, französische und spanische Stücke, befanden sich wahrscheinlich auch die Shakespeares.«

1667 war Molière fünfundvierzig, drei Jahre zuvor waren drei Akte seines Tartuffe, noch unter dem Titel: ›Der Heuchler‹, nach der ersten Vorstellung verboten, ein Privatbrief des Dichters an den König um Freigabe des Tartuffe abschlägig beschieden worden; allerdings bekam Molière jetzt jährlich bis 1671 eine Gratifikation des Hofes von 1000 Livres.

Während Molière schreibt, in anspruchslosem Hausgewand, Rock und – schon – langer Hose, die es ja als Straßenkleidung noch fast zwei Jahrhunderte nicht gab, ist sein engster Freund Chapelle eingetreten; langes, offenes Haar, ähnlich dem Molières frisiert.

Chapelle hat nicht angeklopft. Sie schweigen sich an; Molière weiß, wo der Freund gewesen ist...

CHAPELLE: Er schrie nicht.

MOLIÈRE, *der Manuskript und Gänsekiel weggeschoben hat:*
Unmöglich – auf dem Scheiterhaufen nicht geschrien?

CHAPELLE: Erst angebunden, waren ihm die Beine schon eingeknickt: Der Henker muß ihn vorher erdrosselt haben.

MOLIÈRE: Dann auf allerhöchste Weisung!
Selbst, gar aus Mitleid, riskierte der das nie.

CHAPELLE, *nimmt sich einen der Stühle neben dem Schreibpult, auf dem ein Glas Milch steht. Molière hat aber nicht im Stehen geschrieben, sondern an einem großen Eßzimmertisch; er weist auf das Stehpult:*
Wieso schreibst du im Sitzen!
– und was schreibst du? Gib mir Cognac.
MOLIÈRE: Im Sitzen, weil ich krank bin …
und schreiben kann ich auch im Sitzen nicht,
ich doktere nur so ein bißchen herum
an meiner Lukrez-Übersetzung.
Er sieht tatsächlich sehr viel älter aus als sein gleichaltriger Schulfreund, Anfang Fünfzig:
Wenn selbst der König sich derartig fürchtet,
daß er jetzt zum zweitenmal dein Stück
verbietet und ein Kollege
wegen eines Gedichts verbrannt wird,
verringert sich die Neigung noch zu schreiben
– sogar das Neutralste: Komödien …
CHAPELLE, *der hastig drei Cognacs trinkt: eine Geste, ob Molière nicht mittrinken will, der weist ab, Chapelle lacht:*
Neutral? Tartuffe ist doch das Tollste,
was sich ein Autor je erlaubt hat: Jeder spürt,
du hast ihm nur deshalb nicht mehr das Priesterkleid
gegeben, weil du dann längst verbrannt wärst.
MOLIÈRE, *nicht leicht-, doch eigensinnig:*
Der König schützt mich gegen die Kirche,
die er haßt: seine einzige Opposition.
CHAPELLE, *lacht verärgert:*
Wie sollte Ludwig dich noch *schützen können*,
wenn er seit Monaten weit weg im Krieg ist!
Und niemand weiß, für wie lange noch.
Vergleich doch mit deinem Tartuffe die,
will nicht sagen Harmlosigkeit,

aber die Exklusivität des Gedichtes,
für das die den armen Le Petit eben verbrannt haben:
Wie wenige lesen ein Gedicht, wie viele sehen
deine Stücke!

MOLIÈRE: Mein Tartuffe verlästert nicht die Jungfrau
wie das Gedicht! Tartuffe ist …

CHAPELLE, *springt auf, schreit:*
Nein, schlimmer,
wie heute einer da schrie, als Le Petit
verbrannte – da schrie einer:
Und Molière brennt nicht – sein Tartuffe verspottet aber
nicht nur die Heilige Jungfrau,
sondern jeden, der fromm ist! *Jeden,* wiederholte der,
der zur Kirche geht!
Laß dir gesagt sein, du fahrlässiger Idiot:
Du lebst kein Jahr mehr, wenn der Kardinal allein Paris
regiert, wie schon jetzt,
weil der König wer weiß wo im Krieg ist!
Hat verlauten lassen, der Kardinal, daß er künftig
sogar *die* exkommuniziert, die in einem Privathause
eine Lesung deines Tartuffe anhören …

MOLIÈRE, *steht auf, jetzt erschreckt:*
Wer hat dir das gesagt?

CHAPELLE: Wer informiert, hat recht – vor allem *das* Recht,
daß sein Name nicht genannt wird.

MOLIÈRE: Dank dir, Claude – doch Verzeihung: Seid ihr
nicht hysterisch? *Wer* hat dich gewarnt?

CHAPELLE: Nicht anständig, Jean, daß du's wissen willst.
Mehr noch, gewarnt hat mich vor allem, was ich
vor *einer* Stunde gesehen habe, und gehört: Nicht allein
sein Sonett habe Le Petit auf den Scheiterhaufen gebracht,
sondern auch Unveröffentlichtes, das man
bei einer Hausdurchsuchung fand!

MOLIÈRE, *jetzt sieht man, er hat endlich Angst:*
Unveröffentlichtes? Für Unveröffentlichtes verbrannt?
CHAPELLE, *nickt:*
Und deshalb lasse ich mich jetzt von dir nicht mehr
wegschicken, bevor wir zwei die Hausdurchsuchung
bei dir gemacht haben, die sonst *andere* machen;
und die du nicht überlebst!
Du kannst auch im Chaos
deiner Papiere bestimmt nicht alles finden, was
Tartuffe noch als Priester zeichnet.
MOLIÈRE: Was sollte ich denn tun? Tartuffe mußte
einen Beruf haben! Mein Geiziger ist Geldverleiher.
Was aber ist Tartuffe? Ein frommer Mann,
wie ich ihn jetzt nenne – sagt gar nichts!
CHAPELLE: So naiv kannst selbst du nicht sein:
Immerhin hieß er in der Fassung vor drei Jahren:
›Der Heuchler‹ und wurde genau *deshalb* nach
der ersten Aufführung verboten, nicht einmal durch
die Kirche, sondern durch den König.
MOLIÈRE: Hat aber herzlich gelacht bei der Uraufführung!
CHAPELLE: Um so schlimmer, daß er's verbieten mußte,
weil er die Kirche fürchtet – sogar der König
hat Angst vor ihr. Nie hat ein Dichter
die Macht derart ausgelacht
wie du in Tartuffe; ohne unsern König wärst du längst tot.
MOLIÈRE: Doch drei Jahre später, zweite Aufführung ...
CHAPELLE: Die ebenfalls am nächsten Tag verboten wurde ...
MOLIÈRE: Aber doch nicht mehr durch den König ...
CHAPELLE, *schreit ihn an:*
Ja, wie hätte Ludwig können:
Er war weit weg im Krieg; um so schlimmer,
daß der Kardinal Tartuffe verbieten konnte.

Und da die Kirche natürlich mitgekriegt hat,
wie ausweichend dir der König von der Front antwortete
auf deine dritte Bittschrift – kann sie jetzt mit dir anstellen,
was sie will: Sie wird dich verbrennen!
– der Kardinal hat's schon
eingeleitet: Exkommuniziert werde jeder, der auch nur
eine Lesung aus Tartuffe anhöre.
Du *kannst* vor Größenwahn nicht mehr normal sein,
wenn du nicht daraus die Konsequenz ziehst!

MOLIÈRE: Nämlich?

CHAPELLE: Abhauen, heute noch, ins Ausland!
Seit voriges Jahr deine Stücke – immerhin zwei Bände voll –
erschienen sind, kommst du ja nirgendwo hin mit
leeren Händen! Und zum Glück ist ja Tartuffe
in deinen zwei Bänden noch nicht enthalten.

MOLIÈRE: In Paris habe ich den König als Schutzpatron
– wer schützte mich in Rom oder Madrid oder München?

CHAPELLE: Natürlich mußt du nach London, Amsterdam
oder Berlin türmen, wohin ja immer mehr Hugenotten
schon fliehen – nicht in katholische Städte!
Alle Engländer, Holländer, Deutschen von Stand
sprechen französisch. Gib ihnen deine Stücke
zur Übersetzung, wirst nicht verhungern im Ausland.

Chapelle ist aufgestanden, sucht an der Bücherwand Manuskripte, die er aber nicht findet ...

Wie könnte dich in Paris Ludwig schützen vor
der Rache der Kirche,
wenn er bei Amsterdam oder Würzburg kämpft?
Bis Ludwig erfährt, du seiest verbrannt,
ist deine Asche in alle Winde verweht!
Du weißt ja, wie albern Sokrates begründet hat,
nicht abzuhauen, alles war vorbereitet für die Flucht
– er aber redete über seine Mörder »staatsgetreuer«,

in Anführungsstrichen: »staatsgetreuer« als ein Spießer ...
Hau endlich ab, spätestens morgen; sonst ergeht's dir
garantiert wie vor einer Stunde dem armen Le Petit!

MOLIÈRE: Es ärgert mich, wie du den anständigen Sokrates
verleumdest – oder weißt du's tatsächlich nicht, daß dem
das Furchtbarste zugestoßen ist, was einem geistig
Unabhängigen überhaupt passieren kann: Daß ein *anderer*
– nur weil Sokrates selbst nichts aufschrieb – ihn total
verfälschte, weil dieser andere: Platon nämlich,
seine eigene terroristische Staatsauffassung als angeblich
die des Sokrates *dem* in den Mund legt!

CHAPELLE, *drängend:*
Schreib das in deiner Emigration, hau ab.
Ich nehme hernach, wenn wir deine Papiere verbrannt
haben, in einem Korb das Nötigste von dir mit,
damit du ohne Gepäck, ja sogar ohne Mantel spätestens
um fünf wegkommst, schläfst noch sechs Stunden bei
uns – ich kaufe inzwischen den Kutscher, der dich
heute nacht ab Packhof im Planwagen
Richtung Niederlande mitnimmt.
Nein, schläfst die sechs Stunden nicht bei uns,
wo ja jeder dich suchte, sondern gehst zu unserem
Dienstmädchen, das sich vor vier Jahren verheiratet hat ...
Und reist natürlich auch nicht vom Packhof, wo ebenfalls
jeder dich suchte – sondern ich spreche
mit dem Kutscher einen anderen Treffpunkt ab:
Die Verbrennung eben hat denen Mut gemacht,
als nächstes dich auf den Scheiterhaufen zu holen.
Heute mußt du hier verschwinden!

MOLIÈRE: Wieso glaubst du, Deutsche oder Engländer
würden mich wegen Tartuffe *nicht* verfolgen?

CHAPELLE: Mußt dich ja nicht gerade mit *dem* Stück
bei Ausländern einführen, die noch gar nichts wissen

von Tartuffe, weil er hier nie aufgeführt,
nur verboten wurde ... Hau ab!
MOLIÈRE, *gereizt:*
Was suchst du denn da *hinter* den Büchern?
CHAPELLE: Ich sagte dir doch – trifft sich gut,
daß du Feuer hast!
Handbewegung zum Kamin hin:
Ich geh hier nicht raus, bevor wir's Tartuffe-Manuskript
nicht verheizt haben – hörst du's noch immer nicht:
Die haben den Le Petit auch wegen *ungedruckter*
Schriften verbrannt! *Chapelle hat das geschrien.*
Du hast bestimmt in deiner Urschrift, in Entwürfen,
ist ja nun immerhin Jahre her, Tartuffe klar als Priester
gezeichnet und das reicht dreimal für den Scheiterhaufen ...
– erinnere mich heute noch mit Entsetzen dran.
Du *mußt*, bist du nicht völlig größenwahnsinnig,
mit deiner Verhaftung rechnen:
Und keine Verhaftung ohne Hausdurchsuchung.
MOLIÈRE, *steht mühsam auf:*
Hast recht und bist *der* Freund, allein tät ich's nie,
also suchen wir ... weiß wahrhaftig nicht mehr, ob's ein
Urmanuskript gegeben hat ... Das Wichtigste ist:
Das Regiebuch, das erste, *das* müssen wir finden!
Während er einen Schrank öffnet, rutschen sofort Stöße von Papier heraus, einzelne Blätter, einige auch zu dickeren Handschriften gebunden, auf die Dielen, die kein Teppich bedeckt. Erheitert, doch auch resigniert, seufzt
MOLIÈRE: So viel geschrieben, Claude, und das ist ja
höchstens die Hälfte: Wird's da nicht Zeit,
daß ich endlich sterbe?
CHAPELLE, *lustig:*
Quatsch, bist noch nicht sechsundvierzig! Stell dir
die vor, die sich freuen, wenn du stirbst.

Chapelle kniet, die aus dem Schrank gerutschten Papiere anzusehen und aufzuheben, hat sie im Arm, dann legt er sie – zum Sortieren – auf den Tisch, einige reicht er Molière hin.

MOLIÈRE, *sieht sie flüchtig an, während er melancholisch feststellt:*
Das sind Zeiten, wenn es für Autoren nötiger ist,
Feuer im Kamin zu haben als ein Archiv!

CHAPELLE, *immer noch den ganzen Schrank ausräumend und Molière Papiere hinhaltend:*
Gab es jemals *andere*? Kennst du eine Zeit ohne Zensur?

MOLIÈRE, *der nun schon sicher zwanzig Blätter in den Kamin gelegt hat, offensichtlich bemüht, das Feuer nicht zu schnell zu füttern, um zu hohes Aufflammen zu vermeiden:*
Nein, weiß von keiner ... Wer schreibt, ist stets verdächtig.
Jedenfalls, wenn er seine Gegenwart beschreibt.
Schreibt er dagegen Stücke wie meine Kollegen
Corneille und Racine, die sich mit ihren Texten *niemals*
auf dem Glatteis der eigenen Epoche bewegen –

CHAPELLE: Bist du sicher, dieser Schrank ist der einzige Ort
deiner alten Manuskripte?

MOLIÈRE, *nickt:*
So weit die noch in *meinem* Besitz sind, ja. Dieser
oder jener Schauspieler hat natürlich auch noch welche.

CHAPELLE: Noch gefahrloser als Geschichte zu schreiben,
sind mythische Figuren; mach doch endlich deinen
Amphitryon, den du so lange schon planst:
zeig wie unser König, der sich selbst als Jupiter sieht,
die Gattin seines obersten Domestiken fickt
– wie einst Zeus die Frau seines Feldherrn Amphitryon.
Wie könnte dich unsere Zensur drangsalieren ... hier!
Regiebuch Tartuffe!

Er gibt es nicht sogleich weiter, sondern liest, blättert in ihm ... dann:

Eindeutig scheiterhaufenreif:
Diese Fassung überlebst du nicht – da steht's: Hast ihn
als Priester gezeichnet ...

MOLIÈRE, *wirft das Textbuch ins Feuer:*
Du wirst mir glauben, Claude, ich *schäme* mich zu
verbrennen, zu verleugnen, was ich schrieb,
weil ich's für nötig hielt.

CHAPELLE: Bist verrückt – das heißt: wie wir *alle*
umgebungsblind! *Ahnst* nicht einmal dann,
wenn dir frühmorgens der Augenzeuge einer
Dichterverbrennung Bericht erstattet –
daß du die größten Chancen hast, der nächste zu sein!

Ein Glockenzug, »es bimmelt«, Chapelle macht die Schranktüre zu, hebt auf, was noch an Papieren auf dem Boden liegt, Molière geht hinaus, um zu öffnen; Chapelle setzt sich mit den Papieren an den Tisch; eine Frau Mitte Vierzig, elegant, betritt das Zimmer, hinter ihr sagt

MOLIÈRE: Mein Schulfreund Claude Chapelle!
Als Person kennst du, glaube ich, Madame Raisin
noch nicht, Claude! Beruflich muß ich sie natürlich
niemandem vorstellen.

Man spürt Molières Bewunderung.
Die einzige Frau Frankreichs, die erste:
Die mit *Kindern* eine Theatertruppe gegründet hat!
Und so erfolgreich durch die Lande zieht ...

CHAPELLE, *gibt ihr einen Handkuß:*
Wie mich freut, Madame, Ihnen endlich meine
Bewunderung aussprechen ...

RAISIN, *herzlich zu Chapelle:*
Vorbei, guten Tag, Herr Chapelle ... Danke Ihnen!
Vorbei überhaupt, meine Herren: Die haben
herausgeschnüffelt, daß ich Hugenottin bin.

Ich wurde gestern dem absoluten Berufsverbot
unterworfen, es sei denn, ich würde katholisch ...
Soll ich sagen ...

Sie lacht selbstironisch.

... wie der große Henri IV.:
Paris ist eine Messe wert, als er katholisch wurde
und sich von denen taufen ließ? Soll auch ich sagen:
Sei's drum, ich rette meine Theatertruppe
und darf weiterspielen ... ich *kann's* nicht!
Mögen Sie das meiner Eitelkeit zuschreiben,
aber in der Bartholomäus-Nacht wurden viere auch von
uns abgeschlachtet – jetzt einfach überlaufen
zur Religion der Mörder?
Ich kann's nicht. Kurzum, Herr Molière, bin gekommen,
Sie zu fragen, können nicht Sie meine Truppe übernehmen,
um sie zu retten?
Sie haben ja schließlich schon einmal meinen besten
Schauspieler übernommen, kaum daß der siebzehn war:
Michel hat Ihnen Glück gebracht!

MOLIÈRE, *lacht verlegen, denn vielleicht nicht Frau Raisin, aber sein Intimus Chapelle weiß natürlich, daß Michel Baron inzwischen der Liebhaber von Molières Gattin wurde:*
O ja, Michel ist zweifellos der Begabteste unter denen,
die eine Generation jünger sind als wir, Madame!

RAISIN: Ich gab ihn damals nur schweren Herzens an Sie ab,
Herr Molière, aber ich kann nicht als Kinder-Truppe
firmieren, dann aber noch einen
dabeihaben, der sich längst schon rasieren muß!

MOLIÈRE, *zeigt auf seinen Freund:*
Fragen Sie Claude, Frau Raisin, der noch keine eigene
Truppe am Halse hat wie ich ...
und mit Ihren Kindern reisen könnte,
während ich ja an Paris und den Hof gebunden bin

… abgesehen davon bin ich völlig unbegabt,
Stücke für Kinder zu schreiben!

RAISIN: Das glauben wir zwar nicht –
nicht wahr, Herr Chapelle.
Doch ich kann natürlich unter falschem Namen
weiterhin Märchen und Räuberpistolen dramatisieren …
Hauptsache, Sie sind nicht Hugenotte, Herr Chapelle!
Führen doch Sie meine Truppe weiter!

CHAPELLE, *lacht:*
Madame, ich bin Stubengelehrter, habe nie, nicht einmal
bei Schüleraufführungen, als Molière in unserem
Jesuitenkolleg natürlich mit dreizehn, vierzehn
schon der Meister war, gern auf der Bühne gestanden …
spiele nur, wenn einer fehlt. Aber natürlich kann ich zu
Ihrer Verteidigung das selbe tun,
was ich für Tartuffe getan habe …

RAISIN: Genial Ihr ›Brief über den Betrüger‹!

CHAPELLE: Den haben Sie gelesen?

RAISIN: Keiner in Paris, der lesen kann – hat ihn *nicht*
gelesen, Ihren offenen Brief! Aber ich bin ja froh,
daß Sie für Molière sogar dann öffentlich einzutreten
noch riskieren, wenn es auch der König ist, nicht allein
die Kirche, der zum zweiten Mal Tartuffe verbietet.

MOLIÈRE: Diesmal nicht der König, sondern sein Bruder …
Chapelle ist ja mit La Grange sogar nach Flandern geritten,
ins Hauptquartier von Ludwig, dort meine zweite
Bittschrift um Freigabe des Tartuffe zu überbringen.

CHAPELLE: Wir wurden aber nicht vom König, sondern
nur von seinem Bruder empfangen, der sagte, Ludwig
werde das Stück noch einmal wohlwollend prüfen.

MOLIÈRE, *der einem Schrank Gläser und Rotwein entnimmt:*
Bei der Uraufführung hat der König noch sehr gelacht –
aber ebensosehr sich zwei Tage später erschreckt über

sein Lachen angesichts der Wut der Kirche!
Darf leider nur noch Milch trinken, die ich längst
so verabscheue, daß mir schlecht wird!
Ich schäme mich, wie ich meine Texte verharmlose
– hier, meine Kopie der zweiten Bittschrift.
Er liest vor:
»Meine Komödie hat sich der Gnade Ew. Majestät nicht erfreuen können. Vergeblich habe ich sie unter dem Titel ›Der Betrüger‹ aufgeführt und die Hauptperson in weltlicher Tracht auftreten lassen – ich habe ihr einen kleinen Hut gegeben, lange Haare, einen großen Halskragen, einen Degen und ein überall mit Spitzen verziertes Gewand, habe an vielen Stellen die Ausdrücke gemildert und sorgfältig alles gestrichen, was dazu angetan schien, auch nur den geringsten Grund zur Klage zu geben: alles vergeblich. Auf bloße Vermutungen hin, was das bedeuten könnte, haben meine Gegner den Kampf aufs neue aufgenommen ... Möchte es mir vergönnt sein, Ew. Majestät zu ergötzen, sobald Sie aus diesem so glorreichen Feldzug, müde von Eroberungen, zurückkehren und Ihnen, nach so großen Taten, unschuldige Zerstreuung zu bieten; möchte es mir gelingen, dem Monarchen, vor dem Europa zittert, ein Lächeln abzugewinnen.«
RAISIN: Sehr geschickt, in erster Linie will Ludwig als
Feldherr apostrophiert werden, denn König ist er ohne
Verdienst, da von Geburt –
aber Feldherr dank seines Genies ...
CHAPELLE: ... das immerhin nicht verhindern kann,
sein »Genie«, überall von Briten und Deutschen
blamabel geschlagen zu werden.
MOLIÈRE: Verzeihen Sie, daß wir bisher nur von mir
redeten angesichts Ihres viel größeren Unglücks:
Erklärt mir, sofern Ihr das könnt: Berufsverbot
ausgerechnet für die Chefin eines *Kinder*-Theaters ...

während doch noch nie ein Beamter sonst geschnüffelt hat,
ob wir Theaterleute Hugenotten sind!

CHAPELLE, *aggressiv:*
Bist du so weltfremd, nicht zu wissen, daß gerade Kinder
schon in der Schule dem Einfluß von Hugenotten
entzogen werden: Wie lange haben schon sämtliche
hugenottischen Erzieher Berufsverbot?

RAISIN: Der's über mich verhängt hat, das Berufsverbot,
ist offenbar ein anständiger Mitläufer –
glaubte mich nämlich trösten zu können durch die
Ankündigung, auch Hebammen bekämen
Berufsverbot, wenn sie Hugenottinnen sind ... es gibt
schon jetzt weit über zweihundert Einzelschikanen
gegen Hugenotten, seit der Großvater des Königs
uns die völlige Gleichberechtigung mit allen Katholiken
vor bald siebzig Jahren garantiert hat.

Sie hat nicht übertrieben: Der Historiker Peter Liessem schreibt 1987 – Verlag des Deutschen Hugenotten-Vereins – über die Aufhebung des Edikts von Nantes: »In den Jahren 1661-1685 wurden mehr als 300 Verordnungen ... erlassen, die mit dem Geist des Nanter Edikts nicht ... zu vereinbaren sind.«

So vernichtend wie später Winston Churchill in seiner Geschichte des Herzogs von Marlborough – hier zitiert im dritten Akt – über Ludwig schrieb, hat nur noch Jacob Burckhardt ihn abgeurteilt: »Freilich wäre dies mehr mongolische als abendländische Ungetüm, welches Ludwig XIV. heißt, im Mittelalter exkommuniziert worden; jetzt aber konnte er sich als alleinberechtigt und als Alleineigentümer von Leibern und Seelen gebärden.«
Chapelle, der die Papiere vor sich auf dem Tisch weiter durchsieht, hat noch einige ins Kaminfeuer getan.

Molière: Nun, Frau Raisin – ich bin kein Hugenotte,
kein Katholik, sondern bin konfessionell gar nichts ...
Eine Bitte an Sie:
Geben Sie nicht wegen einer Abart von Glaubensartikeln
Ihren Beruf auf, Ihre Berufung!
Ich kenne den Unterschied zwischen Katholiken und
Hugenotten nicht einmal ... Was ist Religion, wenn nicht
Trostsuche mal negativen, mal positiven Ausgangs?
Müssen Sie zur Trostsuche *eine Kirche* betreten?
Bedürfen Sie der Anleitung eines Redners dort,
der Ihnen den – angeblich – richtigen Weg zu predigen
sich anmaßt? Gewiß nicht: Wo das Religiöse, das allein
individuell zu erleben ist, zum Massenauflauf wird,
wie heute morgen bei Le Petits Verbrennung;
Claude war dort ...

Chapelle: Immerhin soll der König den Kardinal
gezwungen haben, den Dichter vorher erdrosseln zu lassen.

Raisin, *kleines Auflachen:* Sie glauben, der König
kann den Kardinal zu irgend etwas *zwingen?*

Molière: Ja, die vertragen sich auf der Basis
von Gegengeschäften: Ludwig will die Kirche
schon deshalb stillhalten, damit sie ihn
bei seinem Terror gegen Spanien nicht zurückpfeift.

Chapelle: Jedenfalls war die Verbrennung Le Petits
die letzte Veranstaltung der Alleinseligmachenden,
an der ich teilgenommen habe ...

Raisin: Der nächste Autor auf dem Scheiterhaufen
werden Sie sein, Herr Chapelle ... nicht Molière:
der ist zu populär!

Chapelle, *stoisch:*
Ich habe wechselnde Wohnsitze.

Molière: Frau Raisin, Ihr Kindertheater muß erhalten
werden:

Henri IV. hat *uns allen* vorgemacht,
wie gänzlich schnuppe es ist, erstens welcher,
zweitens ob überhaupt einer Religion man angehört!
Konnte Henri IV. deutlicher seiner Verachtung
aller Kirchen Ausdruck geben als dadurch,
daß er die seiner Kindheit verließ?
Welcher kleinbürgerliche Untertanen»geist«
– »Geist« in Gänsefüßchen –
nur aus Anhänglichkeit zu zwei mörderisch bösartigen
Zwangsinstitutionen, Kirche und Staat, *irgendeinem*
Befehl von denen zu gehorchen!
Im Innersten wissen Sie doch wie ich und wie's
Henri IV. gewußt hat: Religion hat man eher *ohne*
als *mit* der Kirche, die das immer nur Überflüssige ist,
das Lebensgefährliche, das Menschen
auf Mitmenschen Hetzende.

Molière übertreibt nicht. So drastisch-ängstlich sprechen sie – als unmittelbar bedrohte Zeitgenossen – von nichts anderem auch nur annähernd so bedroht wie von der Kirche. Über Verbrennungen männlicher *Ketzer fehlen Zahlen; einige über weibliche, über »Hexen«:*

Minutiöse Aufzeichnungen wurden im Mittelalter nicht gemacht, exakte Aussagen sind also nicht möglich.

Die erste französische Hexenverbrennung fand 1275 in Toulouse statt. Im Jahre 1387 wurden allein in Carcassonne 67 Hexen verbrannt. Der Höhepunkt der Hexenverbrennung in Frankreich war zwischen 1560 und 1630.

Für diese Zeit hat man im nordfranzösischen Douai 64 Verbrennungen festgehalten. Allerdings, und das verwirrt ein wenig, gehörte Douai zu dieser Zeit zum habsburgischen Flandern und kam erst 1668 wieder zu Frankreich.

Es gibt eine Regionaltabelle, nach der es auf dem Gebiet des heutigen Baden-Württemberg zwischen 1560–1670 = 3229, in England zwischen 1560–1700 = 109, in Lothringen zwischen 1576–1606 = rund 2000, in der Grafschaft Namur zwischen 1500 und 1645 = 149, im jetzigen Nordfrankreich 1371–1783 = 161, in der Region Franche-Comté 1599-1668 = 62 Verbrennungen gegeben hat. Es kristallisiert sich also ein Schwerpunkt im Grenzbereich Süddeutschland, Schweiz und dem angrenzenden Frankreich heraus.

In Frankreich ging es – im Gegensatz zum viel toleranteren Italien – fast ebenso brutal zu wie in Deutschland. Der ›Spiegel‹ dokumentierte am 1. Juni 1998: »In der Bischofsstadt Bamberg wurden in einem einzigen Jahr sechshundert Frauen als Hexen hingerichtet, im rheinischen Siegburg zweihundert, im hessischen Fulda in drei Jahren zweihundertfünf. Die Reformatoren, allen voran Martin Luther, waren in diesem Punkt keinen Deut besser als die papsttreuen Katholiken. Ausgerechnet Italien, das päpstliche Stammland, blieb von der Hexenjagd weitgehend verschont – dank der Vernunft der römischen Kardinäle. Die erließen 1588 ein Verbot, der Hexerei angeklagte Frauen dürften keine anderen Frauen als Komplizinnen benennen. »Dieses Verbot«, so Schwedt, »könnte Italien den Hexenwahn anderer Länder erspart haben.«

Die unfaßbare Ausbreitung des Sadismus wird erst deutlich, wenn man die im ›Spiegel‹ nicht genannten, damals sehr geringen Einwohnerzahlen der Städte mit der Zahl der dort verbrannten Frauen vergleicht: Fulda hatte um 1600 ca. 6200 Bewohner, nach dem Dreißigjährigen Krieg dann nur noch 2780. Bamberg hatte vor dem Dreißigjährigen Krieg ca. 10000 Bewohner, nach ihm rund 7000. Siegburg hatte um 1450 ca. 2000, um 1550 rund 2500 Bewohner... Hannes Lamp hat diese Zahlen recherchiert.

CHAPELLE, *nickt; macht die Geldzähler-Hand:*
Ja, die Kirche ist wichtig allein für jene, die davon leben
– die müssen sogar sagen, man lebe *dafür*!
Allein Schullehrer, Frau Raisin, können Ihnen helfen,
Schuldirektoren, die ja stets katholisch sind,
müssen Petitionen an Madame de Montespan richten:
Wenn Ludwig *einer* pariert, dann der,
von der er schon sieben Kinder hat!

MOLIÈRE: Ihr Gesangbuch, Frau Raisin, wird gar nicht erwähnt: Wir lassen, wie alle endlich Vernünftigen schon längst,
das Kirchliche außen vor.

CHAPELLE: Bleiben Sie Ihrer Kindertruppe erhalten ...
doch wenn Sie absolut nicht bereit sind, katholisch zu werden, müssen Sie ins Ausland ...

RAISIN: Wie schon über hunderttausend Hugenotten!
Herr Chapelle, ich spreche allein französisch.
Wie alle meine Kinder!

CHAPELLE: Aber von London bis Mailand
– Italien ist das toleranteste Land,
trotz oder wegen des Vatikans –
bis Berlin und Stockholm spricht jeder französisch –
sagte ich auch Molière!

RAISIN: Nicht Kinder!

MOLIÈRE: Wieso nicht – Französisch ist die einzige moderne Fremdsprache, die Kinder überall lernen.
Dichter müssen auch die Sprache der Nachbarn sprechen: Ich habe das auch erst, seit heute Le Petit verbrannt wurde, erkannt. Spreche auch keine.

Natürlich hütet sich Molière, Frau Raisin anzuvertrauen, daß auch er durch Chapelle zur Emigration gedrängt wird.

CHAPELLE, *setzt düster hinzu:*
Ja, nicht der Romancier, nicht der Lyriker, doch der

Dramatiker – fürchte, hast recht, Molière:
Mit einem Fuß steht ihr immer auf dem Scheiterhaufen,
ihr Stückeschreiber, weil ihr kein nur literarisches,
sondern öffentliches Ärgernis seid!

MOLIÈRE: Frau Raisin, ich bin ohne meine Hausfrau – *gehen* wir essen! Ich lade euch ein ins Lion.

Vorhang

Zweiter Akt

»Wenn ich Sie nicht zum Weinen bewegen kann, so liegt das an der mangelnden Überredungskunst eines Mannes, der es selbst nur zu gut kann.«

Molière: Kondolenzbrief, 1664,
an La Mothe Le Vayer

Auf der Bühne noch die Requisiten vom zweiten Akt des ›Eingebildeten Kranken‹, die im Lauf dieser Szene von Bühnenarbeitern durch die des letzten Akts ersetzt werden. Im Palais Royal, die Bühne gesehen, als stehe der Betrachter mit dem Rücken vor der rückwärtigen Kulissenwand und schaue also den geschlossenen Vorhang von hinten an.
Verebbender Pausenbeifall nach dem zweiten Akt. Die Pausen dauerten damals fast eine Stunde wegen der großen Essen. Molière im Gewand des ›Eingebildeten Kranken‹ sitzt noch in dem Sessel, der während dieses Stücks stets in der Bühnenmitte steht, hat den Brief in der Hand, der ihm soeben erst gebracht wurde, und sagt zu Chapelle, der als Béralde das letzte Wort hatte:

MOLIÈRE: Ich sag's den Leuten gleich noch,
bevor die in die Pause gehen.

CHAPELLE: Warum jetzt, bist ja viel zu erschöpft!

MOLIÈRE *ist schon mühsam aufgestanden, gibt Chapelle wortlos einen Wink, den Vorhang für ihn in der Mitte zu öffnen, tritt heraus und sagt:*
Meine Damen und Herren, bevor Sie sich jetzt in der Pause mit Essen und Trinken erholen, muß ich Ihnen leider mitteilen, daß mir soeben der Parlaments-Präsident das Verbot überbringen ließ, hier morgen abend – wie noch gestern – den ›Betrüger‹ zu spielen. Er hat die Abwesenheit unseres glorreichen Königs an der Front benutzt, die morgige und die weiteren geplanten Aufführungen zu verbieten, obwohl die vielen, hochverehrtes Publikum, die gestern abend mein Stück bejubelt haben – Ihnen erzählen

können, daß der Schuft meines Stückes keineswegs Tartuffe hieß, sondern Panulphe und ein bürgerliches Gewand trug – wenn auch einige Zuschauer ihn mit meinem längst verbotenen Tartuffe verwechselt und *dessen* Namen ins Parkett gerufen haben.

Er kann nicht weitersprechen wegen der Empörung der Zuschauer, die Pfui schreien, auch Schande, Tartuffe, Molière. Und: wir machen dem Präsident eine Katzenmusik.

MOLIÈRE, *setzt seine Rede fort:*
Meine Bittschrift um Freigabe des Stückes an Seine
Majestät, unseren so geliebten wie siegreichen König,
wird noch heute per Eilkurier an die Front abgehen.
Also, meine Damen und Herren! Gehen Sie nun essen,
bis wir den letzten Akt vom ›Eingebildeten Kranken‹
spielen. Auf Wiedersehen!

Er muß sich noch einen Moment dem Beifall und den Schmährufen gegen den Zensor stellen – dann kann Molière durch den geschlossenen Vorhang die Bühne betreten, auf der ihn seine Frau und Frau Raisin – alle in ihren Kostümen zum ›Eingebildeten Kranken‹ – und Freund Chapelle erwarten. Auch sie klatschen, traurig, zwei fassen ihn an.

RAISIN, *ist mit einem Glas Milch gekommen, reicht's ihm:*
Wenigstens den Magen wird's ein bißchen beruhigen.
MOLIÈRE, *lächelt ihr zu:*
Meine Liebe – dauert nicht mehr lange,
dann habe ich ebenso Berufsverbot, aber von oben
das generelle, wie Sie, arme Suzanne.
RAISIN: Bin nicht arm, seit Sie mir Unterkommen
als Schauspielerin gegeben haben!

CHAPELLE: Gerade jetzt die Absage, morgen deinen
umgeschriebenen Tartuffe spielen zu dürfen,
wird dich vor dem Berufsverbot schützen.
ARMANDE: Und wie er *gelacht* hat, der König,
bei der Uraufführung.
MOLIÈRE, *resigniert:*
Klar, daß der König zuerst – und wie laut! – gelacht hat
über Tartuffe, wie immer, wenn's gegen die Kirche geht,
die er haßt, weil sie ihm nicht erlaubt, Spanien zu erobern.
ARMANDE: Und daß der König Taufpate geworden ist
bei unserem Jungen!
Und Ludwigs Schwägerin Henriette von England,
die dabei war, sagte lustig:
Wird's ein Mädchen,
werde *ich* Patin!
CHAPELLE: Und warum hat der König, ausgerechnet nach
seinem ersten Verbot des Tartuffe dir die lebenslängliche
Gratifikation von 1000 Livres garantiert?
MOLIÈRE, *sarkastisch:*
Weißt du doch: Der Staat erkauft sich
mit Subventionen die lebenslängliche Artigkeit
der Bühnen: Wes' Brot ich eß,
des Lied sing' ich.
CHAPELLE: Such dir erst einen König, der je einem Dichter so
zugetan war wie Ludwig – ich will nicht sagen: *dir*, doch
deinen Stücken! Welcher König sonst käme nach der
*Vor*aufführung angelaufen, den Autor zu bitten, für die
*Ur*aufführung der Komödie noch eins draufzugeben, wie
Ludwig dich bat, in deine ›Lästigen‹ noch eine Karikatur
des Marquis de Soyecourt als Jagdfex einzubauen!
ARMANDE, *berührt ihren Mann; energisch zu allen:*
Sprecht nicht schlecht vom König! Er hat dir angedeutet,
die Pfaffen machen ihm die Hölle heiß – angestachelt

sogar von seiner Mutter – wegen der Mätressen:
Allein von der Vorletzten hat er schon sieben (!) Kinder,
er ist vom Kirchenbann bedroht, aber der Kardinal …

Raisin, *aufgebracht:*
Jeder in Paris weiß, der Kardinal ist selbst Schürzenjäger!

Armande: Muß Spaß machen, mit Péréfixe zu pennen!
Jedenfalls drückt der beide Augen zu, wenn nur der König
dieses – sogenannte: »der Religion feindliche Stück
von höchster Gefährlichkeit« verbietet.

Molière, *stimmt zu, hat jetzt den ersten heftigen Husten:*
Ja, so heißt das amtlich.

Armande, *lacht:*
Soll nun Ludwig sich seine Mätressen abgewöhnen,
weil er Tartuffe nicht verbietet? Laßt die Kirche im Dorf.

Chapelle: Hast recht, war schon ein äußerster Affront
des Königs gegen die Alleinseligmachende,
erstens unsere Truppe zu einer königlichen zu ernennen
und im Louvre spielen zu lassen, zweitens dir genau
zu *dem* Zeitpunkt, als er Tartuffe verbieten mußte,
die jährlichen Subventionen zu garantieren!

Molière, *düster:*
Doch wenn die Kirche einem theologisch oder politisch
nichts mehr ankleben kann – dann eben erotisch:

Er legt Armande, die er an sich heranzieht, seinen Arm auf die Schulter:
Meine Frau – sei meine Tochter!

Er zieht ein versiegeltes Schreiben aus der Rocktasche; deutlich sichtbar als amtliches:
Da habt ihr den Racheakt der Kanaille Montfleury:
Die Sau hat der Polizei gemeldet, ich hätte meine –
hier wörtlich – »eigene Tochter geheiratet und ›autrefois‹
mit ihrer Mutter geschlafen«!

Er zeigt auf Armande und gibt das Schreiben an die anderen.

CHAPELLE, *nimmt's ostentativ gar nicht, das Schreiben, sondern gibt's Raisin weiter:*
Das erzählt sich doch längst ganz Paris,
Racine hat's sogar – habe ich dir erzählt –
in einem Brief geschrieben.

RAISIN: Wie wir Weiber um denselben Mann Rivalinnen
werden, so ihr Männer Rivalen, habt ihr denselben Beruf!
Wem Gott ein Amt schenkt – schenkt er auch Kollegen!
Bei Kindern von Corneille und Racine
hat der König jedenfalls nicht Pate gestanden.

CHAPELLE: Warum grämt dich dann dieser Quatsch,
deine Frau sei deine Tochter!

Er faßt Armande an der Hand:
Kennst doch die Geschichte
vom Alkibiades seinem Hund seinem Schwanz:

Molière nickt, Chapelle zu den Frauen:
Der hatte weitaus den schönsten Hund in Athen.
Eines Tages schnitt er ihm seinen *ausschweifend*
großen Schweif ab. Als ihn die Leute fragten,
warum hast du ihm den Schwanz abgeschnitten,
sagte Alkibiades: Die Leute hatten fast schon aufgehört,
über meinen Hund zu sprechen, sie fingen
schon wieder an, *mich* durch's Maul zu ziehen
statt den Hund! – Jetzt reden sie wenigstens ein paar
Monate über seinen abgeschnittenen Schwanz.
Die Tochter heiraten, entschuldige, aber du ahnst,
glaube ich, nicht, wie viele Pariser
schon *deshalb* in deine Stücke kommen ...

MOLIÈRE: Sicher richtig, aber jeder Prozeß, wißt ihr doch:
Macht erst mal Ärger, macht Kosten ... ich kann ja diese
amtliche Vorladung nicht einfach ignorieren!

CHAPELLE: Jeder weiß, wie du deinen Denunzianten

öffentlich lächerlich gemacht hast,
sein Gerede ist der Racheakt:
Die Beweispflicht *ist bei ihm – er* muß nachweisen,
dieser Scheißkerl, jemand habe deshalb seine Tochter
geheiratet, weil er – wie so viele andere – früher auch
mit deren Mutter, einer schönen Witwe, schlief ...

ARMANDE, *zärtlich und heftig, wie sie meist spricht:*
Sei doch zufrieden, daß dir's dank des Königs
nicht ergangen ist wegen Tartuffe wie vor vierzehn Tagen
dem verbrannten Le Petit!

MOLIÈRE, *küßt sie. Heftiger Hustenanfall, muß aufstehen, Wasser trinken, hin- und hergehen, Arm hoch, dann Blut ins Taschentuch spucken:*
Könnt ihr mir verraten, warum ausgerechnet *ich*
diese dauernden Scherereien habe
– nicht aber meine Kollegen Corneille und Racine?

CHAPELLE: Weil die nur historische oder mythische
Gestalten auf der Bühne zeigen – du aber
Menschen der Gegenwart! Figuren der Geschichte
regen keinen mehr auf, so war das schon in der Antike ...
der Lehrer des Aischylos, Name vergessen, wurde
am Tage der Uraufführung seines Zeitstückes
zur Vernichtung des Textes und einer riesigen Geldstrafe
verurteilt ...

MOLIÈRE: Aber die ›Perser‹ sind doch auch ein Stück
Gegenwart und Aischylos wurde *nicht* dafür verurteilt,
sondern bejubelt!

CHAPELLE: Klar, hatte den *Sieg* der Athener dramatisiert,
nicht wie sein Vorgänger ihre Niederlage.

MOLIÈRE: Will aber doch ein Wort für Racine einlegen.
Er hat zwar als ›Britannicus‹ getarnt,
was er an Zeitkritik vorbrachte:
Unsere Giftmischerin La Voisin

– hat aber immerhin das Giftmischer-Paris
von *heute* gemeint.

RAISIN, *gehässig:*
Hatte Grund genug, das zu schreiben:
Man munkelt, er habe selbst Gift von der Voisin gebraucht,
seine du Parc zu ermorden.

MOLIÈRE, *heftig, ja autoritär:*
Vollidiotisch! Welches Motiv hätte Racine gehabt,
die Mutter seiner Kinder und seinen Star zu töten?
Nichts von solchen Verleumdungen, bitte,
Suzanne, in meinem Beisein!

RAISIN: Entschuldigen Sie, Molière!

ARMANDE, *im Abgehen:*
Ach, ja – muß euch noch erzählen, daß ich
gestern den Sarrasin traf, sprach mich an und ...

CHAPELLE: Den Dichter und Sekretär des Prinzen Conti?

ARMANDE, *nickt:*
Wußte gar nicht, daß der Hugenotte ist ...
seine Frau ist gestorben, deshalb hat er ...

RAISIN: Da muß ich mit zur Beerdigung!

ARMANDE: Da mußt du aber weit laufen.
Der König hat nämlich angeordnet, erzählte Sarrasin ...,

Und nun zitiert Armande fast wörtlich aus Ludwigs Erlaß vom 13. November 1682:

... daß die Hugenotten nicht mehr in allen Städten
beerdigt werden dürfen, sondern nur noch dort,
wo die Reformierten einen eigenen Friedhof haben.
Außerdem als neue Schikane: Begräbnisse von Hugenotten
nur noch vor Tagesanbruch oder nach Einbruch
der Nacht und niemals dürfen mehr als zehn
Personen dem Sarg folgen ...

RAISIN: Ich also nicht, die Sarrasin hatte eine große Familie.

ARMANDE: Sarrasin sagt, es gäbe einen Geheimbericht,

demnach zweitausend in Paris und zwanzigtausend
im Lande in der Bartholomäus-Nacht
abgeschlachtet worden sind. Und da auch in entferntesten
Städten alle am *gleichen* Tage abgeschlachtet wurden
– könne das nur auf Anordnung von Hofe geschehen sein.

RAISIN: Das hat ja wohl auch noch keiner bezweifelt!

MOLIÈRE: Aber ihr dürft nicht *unserem* König vorhalten,
was über sechzig Jahre vor seiner Geburt war!

ARMANDE *geht ab:*
Ich lege mich eine Viertelstunde hin.

MOLIÈRE: Aber, idealisiert ihn auch nicht, ohne Ludwigs
Genehmigung hätten die nie gewagt,
Le Petit zu verbrennen …
Reden wir vom Geschäft: Ist euch klar, da wir mit Tartuffe
nie mehr rechnen können, daß damit *der* Kassenschlager
überhaupt weg ist?

CHAPELLE: Quatsch, dein ewiger Pessimismus!
›Schule der Frauen‹ war auch in der Kasse
dein größter Erfolg! Hat in weniger als drei Wochen mehr
als zehntausend eingespielt …

MOLIÈRE: Weiß, Freund, du läßt nie zu, daß ich mich
entmutige – lieb von dir, nur stimmt's nicht,
womit du mich aufbauen willst:
›Schule der Frauen‹ war *vor* Tartuffe.
Nein, ist schon so:
Ist das Haus fertig, kommt der Tod.
Das einzige Sprichwort, an das ich glaube.

RAISIN: Aber Herr Molière – der Tod! Nie waren Sie
lebendiger … wenn Sie jetzt auch nur noch Milch
trinken dürfen.

MOLIÈRE, *faßt sie dankbar an:*
Nein, ich habe meine zwei Bände gemeint mit dem Haus:
Seit ich die Gesamtausgabe habe, also das Haus fertig ist …

CHAPELLE: ... glücklicherweise ohne Tartuffe. Und bist trotzdem so unvorsichtig, nicht zu emigrieren. Und hör um Gottes willen auf, zwei Bände als deine Gesamtausgabe anzusehen: Dann wären sie wirklich dein Sargdeckel! Bist einundfünfzig – fängst kaum an!

MOLIÈRE: Hört mich doch husten! – gesund? Seht mich doch Blut spucken – gesund? Nein, bin wirklich die komische Figur, als die sie mich im Hotel de Bourgogne
– jeden Abend ausverkauft – auf der Bühne zeigen,
den stadtbekannt Gehörnten – das weißt du doch,
Raisinchen: Auch ich bin nur der von Armande noch
in ihrer Nähe als moribund Geduldete,
weil sie meine Schauspielerin ist, nicht mehr mein Eheweib:
Wer eine fünfundzwanzig Jahre Jüngere heiratet,
braucht für den Spott nicht zu sorgen! Jeder, auch ihr,
habt Männer gekannt, die sich *ehelich* eine dreißig Jahre
Jüngere zugezogen haben:
sie sind *ausnahmslos* daran gestorben!

CHAPELLE: Nein, gestorben sind nur die, denen ihre junge Frau *treu* gewesen ist – nimm's als normal, Freund!

MOLIÈRE: Ja. Geschieht mir recht ... Ich muß schon ein Unmaß an Optimismus aufbringen, mich für den Vater von Armandes letztem Kind zu halten.

RAISIN, *faßt ihn mitfühlend am Arm:*
Will ja hier nicht den weiblichen Tartuffe machen
und heucheln, ich wüßte nichts von dem Pariser Gerede –
ja, gebe zu, las natürlich auch dieses Machwerk,
das Sie als Hahnrei auf die Bühne stellt ...
glauben Sie's mir, – hab's keine Minute
für wahr gehalten, so widerlich wie das ist.

MOLIÈRE, *düster – hellt das dann auf durch ein mißglückt-künstliches Lachen:*
Widerlich – muß nicht unwahr sein, Suzanne.

Kennst doch die letzte Stellung beim Akt:
mit einem Bein im Sarg – da muß man ja
nicht auch noch ein Kind machen wollen!
Habt's doch wie jeder in Paris früher gewußt als ich –,
daß Michel, kaum daß ich ihn von deiner Truppe
übernommen hatte, von meiner Frau vor allen
ins Gesicht geschlagen wurde. Sie war übergeschnappt
vor Eifersucht, weil er mit der du Parc die Hauptrolle
im Ballett der Musen spielte.
Armande aber nur die Nebenrolle hatte – nun, diese
Ohrfeige war ihre erste Liebeserklärung an den Süßen.
Daß Racine mir überhaupt die du Parc abwerben konnte –
fing auch an mit diesem Krach ...

RAISIN: Ich dachte, damit, daß er ihr ein Kind gemacht hat.

MOLIÈRE, *lacht:*
Sooo informiert, was zuerst war, bin ich nicht!

CHAPELLE, *nimmt wieder den Brief des Präsidenten*: Haben
wir nichts Ernstes statt dieses Private zu bequatschen?
Wie kommen wir durch den Winter – nach diesem
neuen Verbot? Wie willst du *finanziell* reinholen, was
der verbotene Tartuffe eingespielt hätte ... Habt ihr je von
einem Stück gehört – ich noch nie –, das sogar
mit abgeschwächt-neutralem Titel wie gestern 1890 Livres
eingespielt hat? An *einem* Abend! Immerhin,
man stelle sich das vor: Der Tageslohn von 1890
qualifizierten Arbeitern ... mehr als *eine* Livre kriegt
sogar ein Fach-Arbeiter nicht mal in Paris!

Diese Angaben sind dem hervorragend informativen Nachwort entnommen, das der Romanist Hartmut Stenzel für das Reclamheft ›Amphitryon‹ geschrieben hat.

Raisin: Haben Sie denn im Winter überhaupt was für mich?
Molière: Natürlich, Raisinchen, ich übersetze jetzt
und ändere wie's nötig ist ›Amphitryon‹ –
du spielst Cleantis, so heißt die Frau des Dieners –
ich hab's da leichter, ich gebe mit ihm:
mit dem komischen Sosias mein Selbstbildnis.
Du aber, so reizend, mußt trotzdem ein Scheusal
spielen. Morgen früh fange ich an, lese euch
natürlich wie immer jede fertige Szene vor
für eure Einwände und Vorschläge.

Und nun spricht Molière stockend, wortsuchend, daß man sieht und hört, diese Reime sucht er erst eben jetzt:

»Mein Name, dessen Ruhm das All durcheilt,
Zeus, Name des allmächtigen Herrn der Welten,
hat alle Schwätzer schnell geheilt:
Wer sein Glück mit Zeus sich teilt,
kann nimmermehr für ehrlos gelten!«

Großer Hustenanfall. Taschentuch – das dritte – sichtbar voller Blut.

Raisin, *lacht:*
Und mit Zeus meinen Sie natürlich den König:
Jetzt beginne auch ich zu verstehen, Jean, warum Sie
diese antike Legende dramatisieren; Sie meinen das
Verhältnis *unsres* Allmächtigen mit der Montespan,
die ist schon schwanger, obgleich seine bisherige Maîtresse
en titre ihr fünftes Kind von ihm noch nicht
entbunden hat...
Chapelle: Ich hab dich sogar in Verdacht, Freund,
eitel wie Ludwig ist, hat *er* dich auf den Stoff gebracht,
um als Zeus gefeiert zu werden: Wer kriegt schon
gleichzeitig Kinder von *zwei* Freundinnen ...

Molière, *lächelt ohne Kommentar, dann zur Raisin:*
Endlich hast du's begriffen! Raisinchen, laß uns du sagen!
Er gibt ihr einen Kuß auf den Mund:
Dreie tragen augenblicklich für Ludwig aus ...
Hast du wirklich gedacht, ich ließe mich je auf
Antik-Mythologisches ein, wenn nicht auch der *direkte*
Bezug zu unserer Gegenwart wäre?
Beleidigend, wenn du das von mir gedacht haben solltest.
Als türmte ich ins Altertum – weil ich Angst habe;
natürlich habe ich Angst vor der Gegenwart!
Doch schmeicheln tut's Ludwig nicht zu knapp, wenn ich
ihn sogar im Bett mit Zeus vergleiche!
Chapelle: Und diesen Hirsch haben wir, Jean – sonst wärst
du längst verbrannt – als Schutzpatron!
Molière, *melancholisch:*
Doch auch als Verbieter des Tartuffe!
Raisin: Wie könnte er nicht: Er will Spanien haben – und wie
das, ohne der Kirche jedes Jahr Geschenke zu machen!
Vor einem halben Jahr hat er
sogenannte »Mischehen« verboten:
Heiraten zwischen Katholiken und Hugenotten!
Chapelle: Dabei ist der tüchtigste seiner Feldherrn
sogar gefallen für ihn, *der Hugenotte* Turenne.

Pausen-Schluß: Läuten. Während Raisin und Chapelle zum Schminktisch gehen, auch Armande herbeirennt und ihren Umhang abwirft, wird Molière von seinem bisher schlimmsten Blutsturz heimgesucht. Er wollte wie die anderen zum Schminktisch gehen, jetzt befällt ihn ein Husten, so daß er kaum aufstehen kann. Madame Raisin begreift sofort, daß er Hilfe braucht, er erhebt sich, Taschentuch vor dem Mund, torkelt ihr entgegen, die ihn abfängt, als er dicht vor ihr auf die Knie stürzt. Sie erlebt das nicht zum ersten Mal, hat ein großes weißes Frottiertuch mitgebracht, in dem sie das Blut auffängt, das er aus Nase und Mund aushustet, offenbar viel Blut – dann fällt er aufs Gesicht, immer von Frau Raisin abgefangen, auch von Armande jetzt, die ihn behutsam auf den Rücken dreht. Chapelle, der ihm ein Kissen unter den Kopf schiebt, schweigt noch wie alle – ehe er zum Abendinspizient sagt – einem Beamten in festlicher Hoftracht, der einen gut zwei Meter hohen schwarzen Stab trägt:

CHAPELLE: Du mußt die Vorstellung absagen …
warte noch drei Minuten!

MOLIÈRE, *versucht aufzustehen, was nicht gelingt, da ihm auch niemand dabei hilft, er soll liegen bleiben, stützt sich aber jetzt auf die Ellenbogen und sagt ziemlich deutlich:*
Keinesfalls … komme. Keinesfalls absagen.

Ungeduldig, herrscht die anderen fast an:
Helft mir doch hoch! Wir spielen.

ARMANDE: Unmöglich – einen solchen Blutsturz
hattest du nie.

MOLIÈRE, *da sie ihm hilft, auf die Füße zu kommen:*
Kommen nie zwei am gleichen Tag. Danke, danke,
mein Herz.

Inzwischen hat die Bühne sich gefüllt mit allem Personal, auch mit den anderen (natürlich kostümierten) Darstellern.

CHAPELLE, *ein Wink, auch ungeduldig, da Molière schon wieder auf den Beinen ist:*
Er will weiterspielen – also geht an die Arbeit.

ARMANDE: Jean, sei vernünftig, sag ab.

CHAPELLE: Das war ein Blutsturz, alter Junge –
heute hältst du nicht durch, unmöglich.

MOLIÈRE: Doch, wird schon gehen … guck doch,
wie viele …

Handbewegungen zu den abgehenden Bühnenarbeitern und Schauspielern, sagt, was er tatsächlich an seinem letzten Theaterabend, am 17. Februar 1673, gesagt hat:

Wie kann ich absagen? Fünfzig Arbeiter warten
auf ihren Taglohn! Soll ich sie um ihr Brot bringen?
Müßte mir ja ewig Vorwürfe machen,
würde ich sie im Stich lassen, so lange ich noch kann.
Paul – mach auf!

Der klopft nun neunmal *mit seinem gut zwei Meter langen Holzstab, der einen großen silbernen Knauf hat, auf den Boden. Die drei Darsteller zu Beginn der ersten Szene des letzten Akts gruppieren sich um ihn: Raisin als Toinette, Chapelle als Béralde, Molière als Argan. Sie nehmen dann ihre Spielposition ein. Dann noch drei in Abständen folgende Schläge, der Vorhang geht auf, sie spielen.*

Vorhang

Dritter Akt

»Molière schrieb den ›Amphitryon‹, die Geschichte des Mannes, der seine Frau mit Zeus teilen muß. Bei der Stelle

Un partage avec Jupiter
N'a rien du tout qui déshonore …
(eine Teilung mit Jupiter
hat nichts Entehrendes an sich)

klatschte die Hofgesellschaft … Die Montespan, die dem König ein Kind nach dem anderen gebar – im ganzen waren es sieben –, setzte durch, daß das Gericht zwischen ihr und dem Marquis die Trennung von Bett und Vermögen aussprach. Die Kinder, die dem Gesetz nach den Marquis zum Vater hatten, erhielten den Rang der Prinzen und Prinzessinnen von Geblüt.«

Otto Flake: ›Große Damen des Barock‹

König Ludwig XIV. macht keinen Schritt, dem man nicht ansähe, daß er schon als Fünfjähriger König wurde, der einzige der Geschichte, den man Sonnenkönig genannt hat; sogar die Nachwelt nennt Ludwig noch so, da sie mit schnöder Gleichgültigkeit die abnormen Verbrechen dieses Monarchen übersieht. Allein Winston Churchill, als er die Heerzüge der zwei bedeutendsten Gegner Ludwigs XIV. beschrieb, des Prinzen Eugen und des Herzogs von Marlborough, nahm kein Blatt vor den Mund; Churchill resümierte 1935: »... ein sich schier endlos ausdehnendes Panorama der Unterdrückung und Verfolgung, das mit dem billigen Flitter vorgeblicher Toleranz aufgeputzt war... Wir haben weder Geduld noch Verständnis für die Federn der Lakaien-Schreiberlinge, die sich bemüht haben, dieser langen, hassenswerten Entwicklung den Anschein der Würde und der Ehre zu verleihen. Ludwig XIV. war während seines ganzen Lebens der Fluch und die Pest Europas. Nie ist ein schlimmerer Feind der menschlichen Freiheit im Aufputz der zivilisierten Gesellschaft aufgetreten...«

Um so spannungsreicher, diesen Absolutisten einmal zu sehen, wenn er ausnahmsweise menschlich ist: In seinem vorbildlichen Verhalten gegenüber Molière, den Ludwig XIV. zweifellos vor dem Scheiterhaufen gerettet hat! Die Kirche hätte den Tartuffe-Dichter verbrannt – würde nicht der König auch deshalb dieser Komödien-Figur sich erfreut haben, weil er selbst zeitweise allein die Kirche, doch nur die Kirche, sonst niemanden auf der Welt – hat respektieren müssen... Die Kirche hielt dem Monarchen seine Maîtressen vor, im Bunde mit Seiner Majestät bigotten Mutter. Kaum war die *tot, gab ihr Sohn – zeitweise und unter harmlosen Titeln – den Tartuffe für die Aufführung frei, die er zuvor, um wieder einmal die Kirche zu beschwichtigen, verboten hatte; das einzige Verbot, das er je gegen eine Molière-Komödie ausgesprochen hat. Ludwig hat das Theater fast im gleichen Maß geliebt – wie die Politiker es heute ignorieren; sie zahlen im deutschsprachigen Raum gewaltige Subventionen, um selbst niemals hingehen zu müssen! Doch nur, womit man sich als Besucher identifiziert, nur das fördert man wirklich ... Noch die schlimmsten Monarchen praktizierten selten ein derartiges Desinteresse gegenüber der Kunst wie weitaus die meisten demokratischen Herrscher.*

Ludwig ist beim Tode Molières, am 17. Februar 1673, erst 35 Jahre, aber von schon sehr barocker, seinem Zeitalter wohlanstehender Figur... Erst in zwölf Jahren wird er herunterkommen in die tiefste Tiefe seiner Unmenschlichkeit, durch Aufhebung des Edikts von Nantes, 1685, mit dem sein Großvater Henri IV. die Hugenotten immerhin seit 87 Jahren, seit 1598, geschützt hatte, indem er ihnen gleiche Rechte einräumte wie den Katholiken.

Damals, im Gegensatz zu heute, hat die Witwe eines prominenten Autors – Molière war bei seinem Tode der namhafteste Dichter in Paris – zum Staatsoberhaupt selbst vordringen können. Die Leidenschaft, mit der Armande hier für ihren Mann ein christliches Begräbnis erbittet – und das, nicht mit allen Zeremonien, doch annähernd durchsetzt! –, rührt auch aus ihrem schlechten Gewissen, den *Dichter der Hahnreis seit Jahren mit dessen Adoptivsohn zu betrügen. Ihr Verhalten bei Molières Blutsturz im Theater und in den drei Stunden bis zum Tod erinnert auffallend an das der Constanze Mozart, als ihr Mann starb.*

Eine der Flügeltüren zum Park ist offen, Seine Majestät im Gespräch mit Seiner Eminenz, dem Kardinal von Paris, der sich wieder einmal eine Schikane für Hugenottinnen ausgedacht hat, deren Einführung er vom König erbittet – wohlwissend, daß der noch Hemmungen hat, die Toleranz-Tat seines Großvaters Jahr um Jahr zu beschädigen; steter Tropfen höhlt den Stein – nach diesem Rezept ist die Kirche bemüht, Heinrichs IV. Versöhnungsedikt zwischen Katholiken und Protestanten abzubauen, ja rückgängig zu machen ... Wieder geht es wie schon so oft um ein Berufsverbot für Hugenotten, glatter Rechtsbruch, denn der Großvater Ludwigs hat ausdrücklich vor jetzt 75 Jahren den Protestanten die volle Gleichberechtigung, das heißt: dieselben Rechte wie allen katholischen Franzosen garantiert! König Heinrich ist der Held des großen Romans von Heinrich Mann ›Henri Quatre‹. Berühmt ist sein Ausspruch: »Paris ist eine Messe wert!« Er selbst als Heinrich von Navarra schon geborener Protestant – mußte zum Katholizismus übertreten, um als König Besitzer auch der Hauptstadt zu werden.

Daß Ludwig XIV. starke Hemmungen hat, Großvaters Edikt nun abermals einzuschränken auf Vorhalten des Erzbischofs und Kardinals hin, ist spürbar; er sagt deutlich gereizt, ja verärgert ob dessen Forderung:

LUDWIG, *er hat einen Spazierstock aus Elfenbein in der Hand, der sich von heutigen dadurch unterscheidet, daß er nahezu doppelt so hoch ist; man kann ihn gar nicht benutzen, ohne gespreizt zu gehen und vor allem auch das Kinn hoch zu tragen; und auch Männerschuhe hatten damals sehr hohe Absätze, was man beim Kardinal wegen der Soutane nicht sieht:*

Mein lieber Kardinal: Fünfundsiebzig Jahre nun,
daß mein hochseliger Großvater durch
das Edikt von Nantes
unseren Landeskindern den Frieden
zwischen Katholiken und Hugenotten beschert hat ...
Warum abermals dieses so bewährte Edikt beschädigen?
Die Kirche sollte nicht den Enkel des großen Königs
zum Treuebruch gegen ihn und gegen die
wichtigsten Frauen in Frankreich verleiten.
Gegen unsere Hebammen.

KARDINAL, *doppelt so alt wie Ludwig, doch nicht ohne Ehrerbietung gegenüber dem Fünfunddreißigjährigen, der nun einmal die Macht verkörpert; und der noch versucht, das absurde Ansinnen der alleinseligmachenden Kirche – der* einzigen *Macht neben ihm – wegzulachen, aber nicht höhnisch, sondern um Verständnis werbend:*
Euer Majestät geruhten die Hebammen – wie wahr,
wie wahr! die wichtigsten Frauen in Frankreich zu nennen:
Es ward uns zugetragen, daß hugenottische Hebammen,
als solche den Wöchnerinnen meist gar nicht bekannt,
das Neugeborene einer Rechtgläubigen geschwinde
hugenottisch haben taufen lassen! Das Kleinkind
also der alleinseligmachenden Kirche gotteslästerlich
geraubt haben ... unter dem Vorwande,
soeben geboren, sei das Baby bereits moribund ...

LUDWIG, *lacht:*
Das soll ja wohl vorkommen, Eminenz;
– bei doch fast jedem dritten, das geboren wird,
bei der Geburt stirbt jeder dritte Säugling!
Eminenz wissen das doch!

KARDINAL, *heftig zustimmend:*
Eben daher, Euer Majestät, eben daher ist die
Gemeingefährlichkeit der Hebammen, die der Ketzerei

angehören, so evident: Ein Ketzer,
ein hugenottischer Pfarrer,
wenn nicht vorher schon dazugeholt
in der perfiden Absicht,
das Neugeborene flugs unserer
alleinseligmachenden Kirche Jesu Christi zu rauben,
ist rasch bei der Hand, ja steht bereit,
unter dem Vorwande, die Nottaufe sei vonnöten!

LUDWIG, *spöttisch, ja lachend:*
Wie oft, wie selten, Eminenz,
sollte denn das in Unserem Königreiche vorkommen …
Respekt: Eltern in Erwartung einer Niederkunft kennen
schon die Hebamme, die dann kommen soll
und wissen, ob die eine der Unseren ist: katholisch
– oder Ketzerin! … Es widerstrebt Uns sehr,
das Berufsverbot auch hier zu dekretieren, um so mehr …
als ja dann *alle* Unsere Untertaninnen bei katholischen
Hebammen entbinden müßten,
auch die hugenottischen Wöchnerinnen …
Doch wie, Eminenz, sollte Ich auch Hugenottinnen
zwingen, sich von Katholikinnen entbinden zu lassen?
Die ja dann, ganz gewiß, sollten Nottaufen vonnöten sein:
nur einen rechtgläubigen Diener am Worte Gottes
ans Wochenbett holen.
Die kämen ja durch Euch auf den Scheiterhaufen,
Eminenz, Katholikinnen, die als Hebamme keinen
rechtgläubigen Priester, sondern einen ketzerischen
zur Nottaufe zuziehen …

KARDINAL: Allerdings, Euer Königliche Majestät, würde eine
Hebamme verbrannt, die einen hugenottischen
sogenannten Geistlichen zur Nottaufe bemüht.
Sprechen doch Majestät nicht – bitte! – von Berufsverbot:
Sobald Hebammen selbst übertreten durch Taufe

in den alleinseligmachenden Schoß unserer Kirche,
also abschwören ihrer gottverdammten Hugenotterei –
dürfen sie ja berufstätig *bleiben*!

LUDWIG: Eminenz haben meine Frage nicht beantwortet:
Wie viele, wie wenige Fälle sind Euer Eminenz bekannt,
daß Hugenottinnen als Hebammen
katholische Kinder der alleinseligmachenden Kirche
geraubt haben durch Nottaufen und überführt in die
hugenottisch-ketzerische Kirche?

KARDINAL: Zweifellos eine höchst schauerliche Dunkelziffer!

LUDWIG, *wieder sein sympathisches Lachen; er kann ja diesen wie jeden Kardinal nicht ausstehen, denn allein die Kirche, wie gesagt, kann sich's erlauben, ihm als »Gott in Frankreich« noch Schwierigkeiten zu machen, da der König die* Staats-*Kirche anstrebt, die* ihm, *doch nicht dem Papst, unterstehen soll: Der Papst soll allein für religiöse Fragen zuständig sein, ist Ludwigs Auffassung, nicht auch für weltliche Fragen, so weit sie die Kirche betreffen: Zeitweise gab es 35 Diözesen, die keinen Chef hatten, weil die der Papst einsetzen wollte, der König aber auch ... Ludwig spricht hier über seine Erlasse vom 13.11.1682 und vom 11.1.1680:*

Also nur ein Verdacht – Respekt, Eminenz, aber auf
bloßen Verdacht können doch Wir nicht
aus Unseres hochselig-königlichen Großvaters Edikt
die Freiheit der Berufsausübung
sogar für Hebammen streichen!
Eminenz haben mit
höchst ausgefuchster Zähigkeit
Uns bereits Berufsverbote abgelistet gegen:
Höhere Gerichtsbeamte,
dann auch für die niederen,
dann für alle in der Finanzverwaltung Beschäftigten –

so weit sie Hugenotten sind,
– *genug!* Eminenz. Genug.

Er wendet sich der Tür in den Garten zu, mehr amüsiert als erbost und ruft:

Madame Molière, wie kommt denn *Sie!* ...

Der König, wie überhaupt alle im Stück, sprechen um der Klarheit willen Frau Molière mit Madame an, obgleich damals nur adlige Frauen so angesprochen wurden, bürgerliche aber, auch verheiratete, wurden mit Mademoiselle angeredet. Er bricht ab, als er wahrnimmt, daß die sehr schöne Rothaarige, Ende zwanzig – das Gesicht schwarz verschleiert hat; tiefster Hofknicks, Seine Majestät reicht ihr die Hand, sie huldvoll aufzuheben – echtes Entsetzen in Stimme und Gesicht:

Im Witwenschleier? Wir hörten von Molières Blutsturz
auf der Bühne gestern abend ... doch?

ARMANDE: Molière starb noch vor Mitternacht, Majestät.

LUDWIG, *erläuternd zum Kardinal, vor dem Madame Molière nun auch in die Knie geht, um sogleich wortlos wieder aufzustehen. Dem Kardinal ist nicht anzumerken, ob er geruhte, die hier so ungehörig-unangemeldet Eingedrungene, ausgerechnet die Gattin des Tartuffe-Autors, überhaupt wahrzunehmen ...*
Eminenz, interpretieren Sie Uns diese perfide Ironie
der Allmacht: Molière stand ausgerechnet als
›Der *eingebildete* Kranke‹ auf der Bühne,
gestern abend, als er durch Blutsturz umfiel!
Was denkt sich Gott, wenn er einen solchen
groben Scherz macht, Eminenz?

KARDINAL, *mit einer Kälte, als stehe die Witwe, die er überhaupt noch nicht beachtet hat, nicht neben ihm:*
Die Rache des Himmels, Euer Königliche Majestät!
Selten haben wir Gottes *persönlichen* Eingriff so evident
ad oculos demonstriert bekommen!
Ein Komödiant, der solcher Art perfid wie insipid
Uns Diener am Worte Gottes in corpore
durch Tartuffe *verhöhnt* – der durfte nicht ungestraft
sterben womöglich sogar noch versehen
mit den heiligen Sakramenten.

Zu Armande, als habe er das befohlen – doch erfährt auch er ja erst hier von Molières Tod:
Nicht wahr? – Kein Priester war am Sterbe-Bette?
ARMANDE: Keiner! Zwei, die noch beizeiten hätten
kommen können, verweigerten mein Flehen.
Die sagten, zu einem Exkommunizierten
gingen sie nicht! Ein ...
KARDINAL, *bevor sie ausspricht, muß noch einen draufsetzen. Er lacht wie ein Hund aufbellt:*
Der Priester, der zum Autor des Tartuffe gegangen wäre,
wäre auch exkommuniziert und für
den Rest seiner Tage ins Kloster eingesperrt worden!
ARMANDE, *schreit fast:*
Aber wie sonst, Eminenz, *kann* ein Exkommunizierter
zurückfinden in den Schoß der Kirche,
wenn Priester wissen, sie werden selbst exkommuniziert,
wenn sie einen Schauspieler beerdigen?
KARDINAL: Wer sagt Ihr denn, Unsere heilige Kirche habe
ausgerechnet den Tartuffe-Autor zurückhaben *wollen?*
Kehrt doch gefälligst *beizeiten* ihr Komödianten
– nicht erst auf dem Sterbebett – zurück
in den Schoß Unsrer heiligen Kirche!

Ludwig, *lacht:* Und wovon sollen Schauspieler leben, wenn sie nicht spielen, Eminenz?

Man sieht, es freut den König, wie diese Frau dem Ekelhaften zusetzt, den Ludwig nicht weniger haßt als die radikalsten »Ketzer« ihn verabscheuen.

Kardinal: Hätte Molière beizeiten, bei Bewußtsein aufgehört, Theater zu spielen ...

Armande: Aufhören? Wie gut, Eminenz, daß wir uns hier
vor dem König treffen: Seine Majestät werden
Eminenz bezeugen, Majestät haben alle
unsere Premieren besucht außer der letzten!
Und haben meinen Mann und die ganze Truppe
nicht nur stets erneut aufs höchste geehrt,
sondern auch ermuntert, ermutigt, Theater zu machen!

Ludwig, *lacht*:
Das allerdings, Eminenz, abzuleugnen – wäre eine Untat
wie des Heuchlers, des Tartuffe!
Lachen, Eminenz, kann keine Sünde sein vor Gott!
Mir sagt mein Beichtvater – wollen sie ihn dafür
bestrafen? – er kenne aus der Bibel keine Zeile,
die den Humor als gotteslästerlich verwirft.

Ludwig hält es tatsächlich in Sorge um Armande für nötig, den Kardinal milder zu stimmen:

Eminenz – *dem* ist doch nicht zu trauen,
der nicht einmal über sich selbst lacht:
Auch Diener Gottes, Unseres Herrn, sollten das
zuweilen können. Tartuffe ist nicht die Kirche,
ist nur einer ihrer Heuchler, der vorgibt,
jeden Frommen als solchen zu übertreffen!

Gegen die Religion hat Molière nie einer Lästerung sich schuldig gemacht – ja:
allen seinen Premieren wohnten Wir bei!

KARDINAL, *sarkastisches, bedauerndes Lachen; läßt aus Eitelkeit selbst den König jetzt seine Grausamkeit spüren:*
Sonst wäre Molière auch kaum am Blutsturz gestorben,
Majestät – sondern auf dem Scheiterhaufen!

Man spürt, wie angewidert Ludwig ist, nicht nur durch den Selbstgerechten, sondern auch durch die Macht der Kirche, die selbst er fürchtet, zeitlebens im Streit mit dem Vatikan. Zur Ehre der Kirche sei aber auch betont, daß Papst Innozenz XI., 1685, *die Aufhebung des Toleranz-Edikts und die Mordlust gegenüber den Hugenotten, die zur Vertreibung von* 300000 *führte, nicht gutgeheißen hat; der Vatikan durchschaute, daß der Terror gegen die Hugenotten weniger aus katholisch-kirchlichen »Gründen« erfolgte als aus national-französisch-gallikanischen.*

LUDWIG: Freundlich, Madame Molière, daß Sie persönlich
Uns die Trauerbotschaft bringt!
Wir sind nur einer der Pariser, die niemand zählen kann,
denen Molière die heitersten Stunden ihres Lebens
beschert hat – immer wieder:
Kein Geld zahlten Wir lieber
als für Molières Theatertruppe!
Sie soll, sie muß – das wird jetzt *Ihre* Pflicht, Madame –,
über Molières Leben hinaus als *die* Comédie française
seine Komödien weiterspielen.

Tatsächlich hat dieser König sieben Jahre später, 1680, durch Zusammenführung des Molière-Theaters von Armande Molière und der Truppe Marais die Gründung der Comédie française bewirkt ... die schönste, die versöhnlichste Leistung seiner langen, dreiundsiebzig (!) Jahre andauernden Regentschaft.

ARMANDE: Majestät – kaum kann ich sprechen, so sehr rührt
mich die hohe Ehre, die Euer Majestät Worte
Molière bezeugen! Doch kam ich angelaufen, Majestät,
Eminenz, um für Molière das *christliche* Begräbnis zu
erbitten! Er war ja, er hat ja die Vorstellung
noch zu Ende gespielt – statt sich hinzulegen;
und war auch, dann heimgetragen in der Sänfte,
noch so weit bei sich, daß er selbst
noch hat die Priester rufen lassen;
keinen Arzt mehr, aber Priester. Mithin, Eminenz,
wohlwissend, er müsse sterben: Drängte es Molière
nach geistlichem Beistand, nach der Letzten Ölung ...
Nicht nach weltlichem, nach medizinischem Beistand,
nicht nach Ärzten.

Sie lügt: Ein Schwager Molières versuchte, Priester herbeizuholen. Molière hat das nicht getan, denn er wußte – was Biograph Friedrich Hartau in der Rowohlt-Monographie wörtlich zitiert –, wie das Bekenntnis lautete, das in Paris ein sterbender Schauspieler hat ablegen müssen, bevor er die Letzte Ölung und ein Christengrab bekam: »Ich schwöre bei Gott dem Allmächtigen, daß ich – auch wenn er in seiner unendlichen Güte mir die Gesundheit zurückgibt – bis zum Ende meines Lebens nie mehr Theater spielen werde!«

Nicht vorstellbar, daß Molière je bereit gewesen wäre, das *zu schwören; selbst in Todesangst nicht. Und natürlich hat Armande, nach der Versicherung des Kardinals, einen Priester zu exkommunizieren, der gewagt hätte, Molière den letzten Beistand zu erweisen, dem »Geistlichen« verschwiegen, daß doch noch ein dritter, ein Priester mit Herz und Anstand sich gefunden hat, der – wenn auch zu spät – zu Molière gekommen ist: Pfarrer Paysant ...*

KARDINAL, *auch noch eitel:*
Wieso kam Sie – Frau Molière – in dieser geistlichen Frage
der Beerdigung zu Seiner Majestät dem König –
doch nicht zu mir, dem Erzbischof von Paris?
Wie kann Sie hier den König behelligen,
der ohnehin mit Arbeit überlastet –
statt den für Gräber Zuständigen?

ARMANDE, *schaut ängstlich zu Ludwig, sagt dann rasch:*
Eminenz, selbstverständlich mußte ich doch
Seiner Majestät zuerst vom Tode Molières Nachricht geben.
Man wollte mich nicht vorlassen: Majestät habe
Euer Eminenz zu Besuch ... Da dachte ich, auch sogleich
Euer Eminenz hier um ein christliches Begräbnis
bitten zu können ...
und fand, da wir ja oft hier in Versailles gespielt,
den Weg in den Park – unschwer zu erraten,
bei diesem Wetter, wo Majestät Euer Eminen
empfangen haben.

LUDWIG, *erheitert; sogar der Fanatiker kann nicht ganz umhin, Ludwigs Lächeln nachzumachen:*
Frauen sind praktischer als Wir, Eminenz ...
geben Sie, Wir *bitten* Sie, dem Komödianten
ein Plätzchen in christlichem Gottesacker!
Immerhin war er auch Königlicher Tapezierer,
auch wenn er diesen Beruf samt Titel dann
seinem Bruder abgetreten hat.

KARDINAL, *erbittert belustigt:*
In *geweihter* Erde – Molières Grab? Ausgeschlossen!
Was verlangen Majestät von mir,

der auch – und bald – vor seinen Richter hintreten muß:
Dem Komödianten …

LUDWIG, *Finger erhoben:*
Aber auch Königlichem Tapezierer wie sein Vater,
und sein Großvater.

KARDINAL, *unbeirrt:*
Dem geweihte Erde, der Tartuffe schrieb?
Wie sollte *ich* demnächst das rechtfertigen
bei unserem Herrn Jesus Christus, Majestät?

LUDWIG, *und nun läßt er den Kardinal wissen, daß er natürlich weiß, wie der Herzog von Saint-Simon in seinen Memoiren, einer noch heute gelesenen bedeutenden Chronik schreibt, daß der Kardinal als Heuchler lebte wie Tartuffe: bekannter Schürzenjäger! Ludwig geht so weit, den Kardinal am Arm zu fassen und drei Schritte mit sich in den Vordergrund zu ziehen, damit Armande das nicht hört:*
Wir sind doch allzumal Sünder, Heuchler, Eminenz –
Eminenz besuchen schließlich auch Frauen.

Jetzt wieder in normalem Gesprächston:
Mit Tartuffe hat Molière, Eminenz wissen das:
Nicht die Kirche gemeint, sondern den Heuchler und
Erbschleicher schlechthin!
Wenn Euer Eminenz dem Molière geweihte Erde
nicht zugestehen: Unserem Königlichen Tapezierer schon
in dritter Generation Jean Baptiste Poquelin –
Molière war nur sein Komödiantenname – dürfte doch
Eminenz geweihte Erde nicht versagen!

ARMANDE, *sie geht abermals vor dem Kardinal auf die Knie:*
Eminenz, wie hat Molière das Gebot der Nächstenliebe
beherzigt bis drei Stunden vor seinem Tode …

KARDINAL, *unterbricht, aber merklich kleinlauter:*
Ein unchristlicher Tod, ohne Letzte Ölung!

ARMANDE, *wieder aufgestanden, überhört diesen idiotischen*

Einwand und spricht nun den ehrenvollen Nekrolog auf Molière:
Nein, Eminenz, kein unchristlicher Tod.
Noch gestern abend, als wir Molière ins Theater
kommen sahen – alle entsetzt, wie krank er ausgesehen hat,
und ihn deshalb bedrängten, die Vorstellung abzusagen,
sich sofort hinzulegen: Hat er darauf bestanden, *doch*
zu spielen. Und *warum*? Er sagte heftig:
»Fünfzig Arbeiter warten auf
ihren Taglohn! Soll ich sie um ihr Brot bringen?«
Und spielte trotz Blutsturz das Stück noch zu Ende.
Und welcher Theatermann vor Molière hat schon
Betriebspensionen ausgesetzt – ich weiß von keinem,
Eminenz, der wie Molière verfügt hat, jedem Mitglied
der Truppe beim Ausscheiden aus der Spielgemeinschaft
1000 Livres Rente zuzusichern, im Todesfall den
Hinterbliebenen ein Sterbegeld in doppelter Höhe ...

LUDWIG: Ich darf korrigieren, Madame: Nicht allein bei
Euch, bei Molière – auch die Theatertruppe:
›Hotel Bourgogne‹ zahlt Betriebsrente!

ARMANDE: Danke, Majestät – ist das nicht Christentum,
nicht Nächstenliebe, Eminenz?
Geben Sie meinem Mann ein Grab!

Noch einmal ergreift sie seine Hand und küßt den Kardinalsring.

KARDINAL, *beachtet das kaum, sondern sagt zum König:*
Nicht in *geweihter* Erde, ausgeschlossen!
Euer Majestät müssen auch Mich und die
alleinseligmachende Kirche Jesu Christi verstehen
– in geweihter Erde einen Exkommunizierten begraben –
unmöglich. Hat doch offensichtlich Gott persönlich
ihn vorsätzlich deshalb so rasch dahingerafft, damit,
der Tartuffe schrieb, nicht mehr zurückfände

in den Schoß unserer Kirche! *Den* aufzunehmen
in geweihte Erde? Geht nicht, geht *nicht*,
bei allem Respekt, Euer Königliche Majestät!

LUDWIG, *man spürt, wie er die Schwarzen haßt:*
Wie tief hinein in unserer Erde Mutterboden,
Eminenz, reicht denn *Ihr* Segen, reicht *geweihte* Erde?

KARDINAL: Drei Fuß, Sire!

LUDWIG, *stoisch:*
Dann begrabt Molière halt vier Fuß tief!

Dieser wahrhaft souveräne Witz ist historisch belegt – und beweist allein schon das menschliche Format und den Humor Ludwigs ...

KARDINAL, *versteht sich, hat* nichts *gespürt von der Ironie des Monarchen, sondern tatsächlich bei ausgestrecktem Arm, dreimal ungefähr dreißig Zentimeter schätzend den Arm höher und höher hebend, die Grabtiefe andeuten wollen. Hat zudem immerhin endlich begriffen: Das war ein Befehl. Zerknirscht, ja, mit leichter Verbeugung:*
Wie Euer Majestät geruhen zu *befehlen*, so gehorchen Wir:
Ich berufe mich vor Gott auf Befehlsnotstand:
Soll also dieser Ketzer Molière auf einen Gottesacker!

ARMANDE, *schnell, tiefer Hofknicks:*
Wie danke ich, wie wird auch die Nachwelt
Euer Majestät das danken!

KARDINAL, *beleidigt:*
Nicht aber – bei allem höchsten Respekt angesichts
Euer Majestät Verfügung – doch nicht uneingeschränkt
kann die alleinseligmachende Kirche den Molière sich
nennenden Hof-Tapezierer Jean-Baptiste Poquelin
in geweihter Erde beisetzen.

LUDWIG, *jetzt in Zorn:*

Eminenz – welche Bedingungen denn noch?
Als die Kirche bei *dem* Sohn Molières, dem leider schon wieder Heimgeholten, bei dessen Taufe Wir Pate standen, diese heilige Handlung hier in Versailles vollzog:
Hat Ihr Vorgänger nicht beanstandet, daß der König den Sohn eines Komödiendichters übers Taufbecken hielt!

KARDINAL: Respekt: Majestät, ein neugeborenes Menschenkind ist noch unschuldig
– nicht vergleichbar mit einem,
der zeitlebens als exkommunizierter Komödiant gelebt!
Einlenkend, da ja auch er gekommen ist, hier etwas zu fordern:
Die Kirche, versteht sich, gehorcht Euer Majestät
– der Tapezierer wird auf einem Acker Gottes –
statt wie sich das gehörte: auf einem Schindanger
begraben, doch ohne jede feierliche Handlung
für denselben!
Die Zunft der Tapezierer soll ihn zum Friedhof schaffen.
Und Majestät: Mit nur zwei Priestern, die *nicht* am Grab
den Segen sprechen, sondern nur schweigend,
nicht betend, nicht zelebrierend dem Kondukte
– und, versteht sich, nicht bei Tage,
nicht vor 21 Uhr voranschreiten …
damit nicht – fehlte noch – der Pöbel Zulauf macht!
Mehr als zehn Menschen dürfen *nicht* dem Sarge folgen!
Und ohne Glockenläuten, und der Sarg muß
durch die Embleme der Tapezierer-Zunft als ein solcher:
als Sarg für Tapezierer kenntlich sein!
Dem Hoftapezierer sein Grab, vier Fuß tief – nicht: drei –
vier Fuß tief, doch weiterhin bei Schauspielern
als Exkommunizierten … kein Grab.

LUDWIG, *jetzt deutlich ihn ungeduldig verabschiedend:*
Ja, ja, ja – Eminenz. Sogar Wir haben allmählich begriffen!
So belehrt man seinen König nicht!

Er ist aufgestanden aus seinem Sessel, auch Eminenz hat nun kapiert, daß er gehen muß – kann aber nicht umhin, sich verabschiedend mit einer tiefen Verbeugung, noch einmal an die Hebammen zu erinnern; Madame Molière, hatte sie keine Kniefälle zu machen, stand stets an der Verandatür, hat sich nicht etwa auch gesetzt.

KARDINAL: Dürfen Wir hoffen, Majestät, werden
Unser kirchliches Ersuchen, die Hebammen in
Euer Majestät Königreich ...
LUDWIG, *nicht mehr gereizt, eher amüsiert; und tatsächlich läßt der König den Kardinal noch sieben Jahre warten, bis zum 20.2.1680 – siehe Peter Liessem: ›Die Aufhebung des Edikts von Nantes‹ –, bevor er der Kirche den Gefallen tut, hugenottische Hebammen dem Berufsverbot zu unterwerfen:*
Nicht heute, nicht heute, Kardinal – zwar haben's die
armen Hebammen auch bei jedem dritten Säugling
mit dem Tode zu tun – dennoch reden
Wir angesichts des Toten hier heute nicht über Geburten ...
KARDINAL, *sich abermals verneigend:*
Wir danken Euer Majestät ...
der erste warme Tag, auch ich ergehe mich noch,
gestatten Euer Majestät, in Euer Majestät Park ...
LUDWIG *hatte Madame Molière durch eine Handbewegung zu den Sesseln hin, die ja wie stets in Audienzsalons, ohne Tische davor, ganz nahe einer Wand aufgereiht stehen, zum Bleiben aufgefordert, sagt jetzt:*
So nehme Sie doch Platz, Madame ... Sie hatte ja,
vermuten Wir, keinen Schlaf in dieser Nacht!
Nur einundfünfzig Ihr Mann, arme Armande. Wie sehr
Wir Molière noch entbehren werden, der ganze Hof!

Ein Trost – wollte das nicht erwähnen im Beisein
des Kardinals, doch hätte es erwähnen *sollen*,
das hätte den so schön geärgert:
Sie kennt ja persönlich Boileau,
den Aristoteles Unseres Zeitalters, der...

ARMANDE: ... Wie nicht, unseren Literaturpapst nennen wir Schauspieler den Boileau! Ja, Majestät, wir wissen alle, wie hoch er von Molière gedacht – aber doch das Feierliche bevorzugt hat.

LUDWIG, *ergreift spontan beide Hände Armandes:*
Eben *nicht*, meine Liebe, eben nicht:
Das Feierliche höher geschätzt als den Humor!
Boileau sagte Uns trotz Racine, trotz Corneille
– auf die Frage, wer Unser bedeutendster Dichter
heute sei – wörtlich: Das Genie ist Molière!

ARMANDE: Aber warum dann, Majestät, hat Boileau nicht längst Molières Aufnahme in die Akademie durchgesetzt?

LUDWIG – *sein Nekrolog auf Molière:*
Wozu? – Der Ruhm der Akademie hat Molière
nie gefehlt, *sein* Ruhm fehlt der Akademie!

ARMANDE, *neuer Hofknicks, obwohl sie auch Platz genommen hatte wie er:*
Wie gütig, Majestät.

LUDWIG: Nein, nur sachlich.

ARMANDE, *steht hastig auf und sagt:*
Majestät, ich habe in größter Eile – verzeihen Sie –
noch eine Warnung auszusprechen. Majestät waren
Zeuge, daß der Kardinal mir ins Wort fiel –
glücklicherweise muß ich sagen –, als er drohte,
wären die beiden Priester, die sich geweigert haben,
doch ans Bett Molières gekommen,
so hätte er sie auf immer ins Kloster gesperrt.
Ich hatte noch nicht ausgesprochen,

als der Kardinal mir ins Wort fiel – zum Glück:
So konnte ich verschweigen, daß *doch* einer das Herz
gehabt hat, zu Molière zu kommen: Pfarrer Paysant!
Doch kam zu spät ...

LUDWIG, *erschreckt, lacht, steht auch schnell auf, ruft:*
Dann zu ihm, rasch, ihn *warnen*: Hoffen Wir,
niemand sah Paysant heute nacht zu Molière kommen –
rasch, daß auch niemand in Ihrem Hause davon spricht!
Laufe Sie zu ihm, warne Sie Paysant!

ARMANDE: Danke, Euer Majestät, ich renne!

Ohne neuen Hofknicks ab durch den Park. Der König lacht auf.

Vorhang

Gert Ueding
Griff in die Zeit

Essay

1.

»Politisches Theater kann nicht die Aufgabe haben, die Wirklichkeit – die ja stets politisch ist – zu *reproduzieren,* sondern hat ihr entgegenzutreten durch *Projektion* einer neuen.«
Rolf Hochhuth

Die deutsche Gegenwartsliteratur bietet ein merkwürdig gleichmäßiges Bild, das vor allem durch Abwehr bestimmt wird. Wer sich durch exemplarische Lektüre oder den Besuch des Theaters einen Begriff von unserer Zeit machen wollte, sähe sie verknotet in die Verschlingungen des individuellen Daseins. Die Schriftsteller präsentieren ihre quälenden Recherchen nach sich selbst, dem verlorenen Geliebten, der verschütteten kindlichen Heimat, den halbvergessenen Vätern, Müttern; die Szene öffnet sich für peinliche Nabelschau, für das Drama der geschlechtlichen Krisen und familiären Eruptionen, für die Erosion der privaten zur absurden Existenz und den Genuß an den ästhetischen Ornamenten eines menschlich und geistig trostlosen Zerfalls. Hegel hat solche Reduktion vorausgesehen, wenn er den neuzeitlichen Roman auf das prosaische und alltägliche Leben, auf das Prinzip der Partikularität, der Besonderung, festlegte, dafür aber das

Drama, die »höchste Stufe der Poesie und der Kunst überhaupt«, mit der Darstellung des Charakters »in Rücksicht auf sein *Handeln*« beauftragt sah: Handlung hier natürlich als sozial, nämlich äußerlich, den Willen im äußeren Dasein objektivierend, aufgefaßt. »An den dramatischen *Dichter* als produzierendes Subjekt ergeht deshalb vor allem die Forderung, daß er die volle Einsicht habe in dasjenige, was menschlichen Zwecken, Kämpfen und Schicksalen Inneres und Allgemeines zugrunde liegt. Er muß sich zum Bewußtsein bringen, in welche Gegensätze und Verwicklungen der Natur der Sache gemäß das Handeln sowohl nach seiten der subjektiven Leidenschaft und Individualität der Charaktere als auch nach seiten des Inhalts menschlicher Entwürfe und Entschließungen sowie der äußeren konkreten Verhältnisse und Umstände heraustreten könne; und zugleich muß er zu erkennen befähigt sein, welches die waltenden Mächte sind, die dem Menschen das gerechte Los für seine Vollbringungen zuteilen.«

Solche Erinnerungen sind nicht überflüssig, auch wenn man die normative Ausrichtung darin längst überwunden glaubt: denn zumindest stellen sie einen Literaturbegriff vor Augen, der vielfältiger und verbindlicher ist als jene Ansammlung von Beliebigkeiten, mit denen wir unsere rein deskriptive Sicht auf die literarischen Gattungen zu begleiten pflegen. Der ästhetische Einheitsbrei, der so entstanden ist, kann sich auch nicht etwa auf die Freiheit geistigen, künstlerischen Schöpfertums berufen, in ihm zeigt sich vielmehr der Verlust von Freiheit. Die Entwicklung der dramatischen Literatur ist die Geschichte ihrer Überwältigung durch den Roman und seine Prosa des Lebens. Der Zuhörer und Zuschauer fühlt sich angesichts der Bühne ebenso wie bei seiner Romanlektüre auf seinen physischen und psychischen Haushalt verwiesen, auf sein Getriebensein und die Zwänge, die dadurch entstehen, daß seine Bedrängnis ständig mit dem Getriebensein anderer (gerade der Nächsten) kollidiert. Glück ist darin nur möglich als sinnlicher Augenblick der Erfüllung (oder vielmehr dessen Widerschein), Handlung als bloße Abwendung und Verweigerung.

Doch daß ich nicht mißverstanden werde: Das Universum der inneren Absichten und Zwecke, des seelischen Haushalts und seiner Abbildungen in der prosaischen Objektivität bildet ein literarisches Operationsfeld von höchst ergiebigen Ausmaßen und Farbigkeiten – daß es alle anderen Möglichkeiten überwuchert und das Multiversum der Kunst auf eine Sphäre zusammenschrumpfen läßt, ist der eigentliche Mangel. Wir empfinden ihn nur deshalb nicht mehr als anstößig, weil wir über die inneren Gefilde der Subjektivität hinauszublicken verlernt haben – oder genauer: wir haben die Gebiete des öffentlichen Handelns an Spezialisten delegiert, denen wir sie so lange überlassen, wie sie die Besonderheit und die innerlichen Grenzen unseres Lebens nicht stören. Treten sie uns zu nahe, wechseln wir sie aus, ohne an der prinzipiellen Zweiteilung etwas zu ändern.

Ursache und Wirkung sind hier schwer voneinander zu trennen. Fest steht aber, daß es sich bei der Genese dieses Prozesses der Schrumpfung von der Vieldimensionalität zur Eindimensionalität der ästhetischen Sphäre nicht etwa um einen naturwüchsigen, sondern um einen historischen Prozeß handelt. Hochhuths Molière-Stück beschreibt einen geschichtlichen Zustand, in dem es eine politische Unverbindlichkeit jenseits von Staat und Religion nicht mehr und noch nicht wieder gibt. In der antiken Polis – Hannah Arendt hat es beschrieben – war das Politische der Raum, in dem die Freien und Gleichen einander begegneten, und zwar in der keine Ausnahme, keinen Rückzug zulassenden Absicht, die Grundlagen und Formen des bürgerlichen Zusammenlebens zu erhalten, auszubauen und zu vervollkommnen. Erst die Spezialisierung des politischen Handelns und die Zuschreibung von Gewalt und Macht an den Staat und seine Repräsentanten haben die Ausgangslage dafür geschaffen, daß Politik als Raum menschlicher Entfremdung und Verdinglichung, der Herrschaft und der Unterwerfung, der Unfreiheit und der zwanghaften Generalisierung erfahren und aufgefaßt werden konnte. Damit war der Antagonismus von Politik und Menschlichkeit, von privatem Glück und politischer Gewaltsphäre geboren. Denn die Aufgabe der Politik, die Lebensmöglichkeit des einzelnen zu garantieren und die Grenzen seiner Privatsphäre zu respektieren, schloß nicht automatisch jene politische Freiheit ein, die, kantisch gesprochen, jedem einzelnen erlaubt, seine Wohlfahrt nach seinen eigenen Vorstellungen zu suchen und zu verwirklichen. Von den Kollisionen handelt das klassische bürgerliche Drama, und das Vorrecht der Bühne bestand gerade darin, in der ihr eigenen Sphäre von Rede und Handlung, die auch die Sphäre des Politischen ist, über die Freiheitsrechte zu wachen und Übergriffe öffentlich anzuzeigen.

Nun wissen wir, daß sich die historischen Verhältnisse mit den bürgerlichen Revolutionen gerade hinsichtlich der Bedeutung des Politischen wesentlich verändert haben und gewaltige Fortschritte in der Verbesserung des materiellen Lebens und der Vergrößerung des individuellen Freiheitsraumes erzielt wurden. Die Autonomie der Kunst, diese fragwürdige und möglicherweise bloß scheinhafte Errungenschaft, wurde in der Hegel-Nachfolge oft als Ergebnis jener Fortschritte beschrieben, weil sich die Gesellschaft ihre eigenen Institutionen der politischen Überwachung und Regelung geschaffen hat, wie die Parteien, die Gewaltenteilung, die Presse, die Akademien und Universitäten. Die Kunst war damit sozial und politisch ortlos geworden und proklamierte, die Not in eine Tugend umdeutend, ihre Unabhängigkeit und Verpflichtungsfreiheit. Seither liegt Rechtfertigungsdruck nicht auf jener ästhetischen Produktivität, die sich von aller Politik verabschiedet hat, sondern auf derjenigen, die die Freiheit zu politischem Handeln dennoch selber betätigt.

2.

»Die listigste Rache an besseren Zielen
ist die, daß man sie als erreicht angibt.«
Ernst Bloch

Daß es so weit hat kommen können, daß unsere gegenwärtige Literatur keinen politischen Ehrgeiz, keinen politischen Sinn besitzt und politische Reaktionen von ihren Autoren im Unterschriften-Kollektiv und in Feuilleton-Verlautbarungen, nicht in ihrem Werk zu finden sind, ist gewiß Folge der oben skizzierten Entwicklungen, aber zugleich auch Konsequenz eines Trainings, von dem nur selten die Rede ist und wenn, dann in den ganz anderen Zusammenhängen von Bildungsverfall und Sozialpsychologie. Es gibt in unserer Gesellschaft ein dichtes Netz von Agenturen, deren Zweck oder jedenfalls Wirkung daraufhin geht, die Schwelle politischer, also auf das bürgerliche Zusammenleben gerichteter Aufmerksamkeit und Empfindlichkeit so weit herabzusetzen, daß soziale Konflikte möglichst gar nicht mehr entstehen, weil die ihnen zugrundeliegenden Verhältnisse nicht mehr wahrgenommen werden. Das gilt schon für die Presse, das gilt aber gesteigert für die modernen bild-dominierten Massenmedien, für PC und Internet und auch für die Medien telefonischer Dauer-Kommunikation, für Handy und SMS. Die politischen Manöver zum selben Zweck werden ständig vollkommener und umfassender, also die Verbindung von Werbung und politischer Rede oder die Ablösung von Beratung und Argumentation durch Handels- und Tauschgeschäfte in Ausschüssen und demokratisch unlegitimierten Gesprächsrunden. Ein weites, höchst unübersichtliches und gerade dadurch effektives System, in dem nun die Literatur ihren eigenen unrühmlichen Part spielt. Der Vorgang, der die politische Unaufmerksamkeit und Unempfindlichkeit des Publikums zur Folge hat, wird dabei in den Massenmedien ihrer Natur entsprechend quantitativ bestimmt, also durch Widerholung, Überfütterung, schnellen Wechsel: ein Verfahren, das einerseits durch Überreizung jede Empfindlichkeit abtötet, andererseits das Bedürfnis nach immer neuen Überraschungen und Sensationen nährt. In der Welt der Bilder schwinden die Seinsunterschiede zwischen virtuellen und realen Handlungen. Die Gefahr, daß auf diese Weise Regeln und Mechanismen falschen Denkens und Handelns vermittelt werden, ist sehr viel geringer, als daß Denken und Handeln sich abkoppeln von den politischen Verhältnissen, deren prekäre Beschaffenheit sich in einzelne Unfälle, Wettkampfszenen und symbolische Handlungen auflöst.

Die Literatur hat sich diesem Programm längst gefügt, indem sie es ignoriert. Ihre Distanzierung von der Sphäre des Politischen war noch nie so groß wie heute, und dieses Maximum an Entfernung geht einher mit der qualitativen Ablenkung des Publikums von allen Aufgaben, die ihm als zoon politikon, als politisches Wesen, zukämen. Diese Enthaltsamkeit beruht nicht auf Bestechung (obgleich der Versorgungsstaat auch auf dieser Ebene manches versucht), sondern auf falschem Bewußtsein: als messe sich der Grad der Freiheit, den die Politik verwirklicht, daran, wie frei Autoren selber sich äußern dürfen, wobei sie diese Freiheit aber als Radikalität ästhetischer Grenzüberschreitungen, nicht als die konkrete, nämlich bestimmte Negation schädlicher politischer Inhalte und Mittel oder gar als konkrete Utopie ihrer Überwindung verstehen. Nur so kann man begreifen, daß die großen politischen Ereignisse, deren Zeugen wir sind, vom Zusammenbruch der sozialistischen Welt bis zum Entstehen der Raubwirtschaft keinen oder nur einen schwachen Widerhall in der Literatur gefunden haben und das Drama, diese moralisch-politische Institution par excellence, keine Verbindungen zur politischen Welt mehr unterhält – mit einer Ausnahme: im Werk Rolf Hochhuths.

Es gibt heute eine unheilvolle Allianz des üblichen Stückeschreibers mit einem außer Rand und Band geratenen Theater, in dem nur die spektakuläre Introspektion noch gefragt ist und alle Konflikte in Verlängerung psychologischer Trivialitäten aus den privaten Kollisionen der hoffnungslos vereinzelten Menschen entwickelt werden. Die Bedeutung dieser Konstellationen und der ihnen zugrundeliegenden Motive soll damit nicht geleugnet werden oder etwa allein in die Privatgeschichte des Menschen eingesperrt bleiben. Gerade Rolf Hochhuth hat darauf stets rekurriert und die dramatischen Folgen aus jenen heillosen Verschlingungen privater Antriebe, libidinöser Besetzungen, gegensätzlicher Partialtriebe oder jener »spezifischen Aktionen« (so Freuds Ausdruck) gezogen, mit denen der Mensch innere Spannungen und Erregungszustände abreagiert. Das gilt für den ›Stellvertreter‹ schon, in dem asketisches Lebensideal, abergläubische

Selbsteinschätzung, Skeptizismus und Sentimentalität einen Motivkomplex ergeben, der die diplomatischen oder weltpolitischen Erwägungen des Papstes als Rationalisierungen denunziert. Hochhuths analytischer Blick bleibt niemals an der Oberfläche der politischen Aktion kleben, auch nicht im Falle Churchills, der ›Juristen‹ und der ›Ärztinnen‹ oder etwa Molières und der »Global Player« in den neuen Stücken. Doch schneidet er das dramatische Geschehen nicht an der Stelle ab, an der es erst zu einem solchen wird: an der Grenze zu jenem öffentlichen Raum, in dem unsere privaten Schicksale auf die uns allen gemeinsame Welt treffen. Der öffentliche Raum ist der einzig legitime Raum des Theaters, das selbst als Institution die Menschen in Gemeinschaft versammelt – das also, mit anderen Worten, eine Institution dieser Öffentlichkeit ist, sie praktiziert. Der Umkehrschluß und damit auch der Umkehrgebrauch, daß die im Rahmen dieser Institution veröffentlichten Bedürfnisse, Perspektiven und Konflikte im selben Zuge zu öffentlichen wurden, verkennt Ursache und Wirkung. Die auf der Bühne veröffentlichten Liebes- und Eheprobleme zum Beispiel bleiben privat, auch wenn wir ihnen zuschauen können. Ihre Wirkungen erfahren wir nicht in einer politischen, uns allen gemeinsamen Welt, sondern lediglich in den räumlichen Grenzen des Privathaushalts. Die ›Big Brother‹-Spektakel des Fernsehens sind aus dieser Perspektive die legitimen Vollender des modernen Dramas und machen es zugleich überflüssig.

3.

»Das Bekannte überhaupt ist darum,
weil es bekannt ist, nicht erkannt.«
Hegel

Erneuerung kann nur aus einer Richtung erwartet werden: Allein die Erfahrung der Formbarkeit gesellschaftlicher Praxis und Politik wird das Interesse an der allen gemeinsamen Welt wieder lebendig machen. Der Rückzug in dic Intimität (gleichviel, ob er sich – auf dem Theater oder in den Massenmedien – unter den Augen des Publikums vollzieht oder auf den familiären Raum beschränkt bleibt) wird nur dann ein Ende haben und umgekehrt werden können, wenn der längst total gewordene Überdruß an den immer gleichen Mechanismen des Privaten zu einer neuen Perspektive auf die öffentliche Welt geführt hat und nicht im Amüsement mehr seine Entspannung findet.

In diesem Prozeß könnte der Literatur, könnte vor allem dem Drama eine entscheidende Rolle zukommen, die ihm schon in seinen Anfängen die politische Aufmerksamkeit, die Aufmerksamkeit der Menschen als Polis-Bürger, sicherte. In seiner Vorlesung über die ›Geburt der Tragödie aus dem Krieg‹ hat Rolf Hochhuth die großen Tragödien der Griechen unter diesem Aspekt beleuchtet und des Phrynichos ›Fall von Milet‹ als Musterstück dramatischer Aktion im öffentlichen Raum analysiert: »Politik nicht nur zu *zeigen,* sondern zu *machen:* dazu wurde das erste Drama benutzt, das die Menschheit kennt! Und wenn Dramen Politik nicht bloß *darstellen,* sondern Politik *sind,* wie das weitaus bedeutendste, das ein Deutscher der Welt geschenkt hat, wie ›Nathan der Weise‹ – wenn also Dramen geschrieben werden, um Ereignisse nicht nur – der Irrtum des Aristoteles – ›nachzuahmen‹, sondern Politik *sind, machen, vorwegnehmen,* wie schon der ›Fall von Milet‹ und später ›Nathan‹, die sich nicht damit begnügen, historische Fälle darzustellen, sondern auch die Wege weisen, Katastrophen zur verhindern: dann gehören sie der höchsten, weil seltensten Kategorie der Gattung an, ja, haben sie *kreiert* – fast ohne Nachfolge. Denn daß ›Der Fall von Milet‹ nicht ›nur‹ als erstes Stück überhaupt eine im Vorjahr durch die Athener mitverschuldete Katastrophe darstellte, sondern offenbar auch noch die Strategie aufzeigte, ihre Wiederholung zu verhindern; daß also dieses Drama ein *überpersönliches* Ziel anbot, hebt es weit hinaus, ebenso wie später den ›Nathan‹, der mehr ist als die bloße Darstellung von historisch bereits Erledigtem.«

Nun könnte man solcher Zweckbestimmung des Dramas, seinem Verweis auf die öffentlichen Angelegenheiten, entgegenhalten, daß es in unserer modernen Welt wirksamere Medien gibt, den öffentlichen Raum bis in seine verwinkeltsten Ecken auszuleuchten, als ausgerechnet das Drama. Und wirklich, wenn wir an Watergate denken, an die Spenden- und Korruptionsaffären der Parteien oder selbst die beiläufigen Verfehlungen von Politikern, die ihren Urlaub auf der Segeljacht eines befreundeten Industriellen verbrachten: immer waren Journalisten am Werk, und erst durch die massenmediale Verbreitung wurde ihre Aufklärung auch öffentlich wirksam. Doch von wenigen spektakulären Ausnahmefällen abgesehen, deren Skandaltüchtigkeit mitunter sogar erst Folge unterhaltungsindustrieller Inszenierung war, fressen die Massenmedien in schier unersättlichem Hunger jedesmal selbst ihre Produkte, indem sie, marktabhängig, wie sie sind, die Nachrichten durch immer neue Nachrichten überbieten. Ergebnisse sind jene Reaktionen der Unempfindlichkeit und

Unaufmerksamkeit, von denen die Rede war. Tatsächlich entstammen sämtliche Stoffe, aus denen Hochhuths Dramen sind, frei zugänglichen Quellen, in der Regel sogar den Zeitungen, Magazinen und Nachrichtensendungen. Die Informationen, die der Autor in der bitteren Komödie ›Die Hebamme‹ verarbeitet hat, kamen aus keinen Geheimakten, und selbst die Politiker, die ihn daraufhin als »Pinscher« und Laienpolitiker beschimpften, der »ins niedrigste Parteigeschäft einsteigt« (Ludwig Erhard) – selbst ihnen waren die Verhältnisse bekannt, unter denen Arme und Obdachlose im Wirtschaftswunderland existieren mußten, und daß ihre Zahl sogar diejenige ihrer Brüder und Schwestern im Jahr 1932 übertraf, als die Arbeitslosigkeit besonders hoch war.

Das alles war längst veröffentlicht, aber wirkungslos geblieben: Erst Hochhuths Theater machte daraus ein Skandalon, das unvergeßlich geblieben ist. Und zwar warum? Weil es im theatralischen Modell einen Krieg inszenierte, weil es die Fakten in Bewegung und Marsch versetzte, indem es sie zum Gegenstand des dramatischen Gesprächs und des polemischen Kampfs der Argumente machte.

Das gilt auch für das neue, politisch höchst brisante Stück ›McKinsey kommt‹. Keine der darin präsentierten Fakten sind neu. Jedermann weiß und erfährt es täglich aus der Zeitung, daß in der Wirtschaft ein Erosionsprozeß größten Ausmaßes sich vollzieht, der nicht nur ihre Struktur und ihre sozialen Verbindungen betrifft, sondern ihre politische Wirksamkeit überhaupt. Als eine menschliche geht die Welt der Wirtschaft erst jetzt in Stücke (Hochhuth scheut sich nicht, diesen Tatbestand als Felonie, Bruch der Lehenstreue, zu brandmarken); ihre alleinige Bindung an das Kapital, ihre ausschließliche Verpflichtung auf die Kapitalvermehrung, ihre Koppelung des unternehmerischen Verantwortungsbewußtseins an die anonyme Menge der Aktienbesitzer und deren Profitinteresse hat selbst jene Gemeinsamkeiten zerstört, die Marx als Klassenkampf beschrieben hat. Folge ist die Zerstörung der Vielfältigkeit (weshalb Hochhuth Manager und Abhängige, die Chefs und ihre Unternommenen in austauschbaren Rollen präsentiert), der Zusammenbruch menschlicher Solidarität auf allen Ebenen und insgesamt jener Schurkenkapitalismus, den freilich so zu benennen schon eine moralische Perspektive voraussetzte, die nirgendwo mehr sichtbar ist. Insgesamt, und dies ist der radikalste, doch zugleich konsequente Schluß, hat sich die Wirtschaft von der Politik sozusagen emanzipiert. Aus einem Werkzeug der Politik zur Überlebenssicherung und zum Schutz der bürgerlichen Freiheit und ihrer Institutionen, der Familie und aller anderen Einrichtungen zur Befriedigung privater Bedürfnisse ist eine politisch nicht mehr kontrollierbare Macht geworden, die sich aus der allen gemeinsamen Welt verabschiedet hat oder vielmehr: von außen als letztentscheidende Instanz den öffentlichen Raum total kontrolliert und ihren Interessen gefügig macht – Globalisierung ist nur die euphemistische Bezeichnung für diese Umwälzung.

Das alles weiß man, findet es gelegentlich merkwürdig, auch schon einmal anstößig, eine Gefahr erwächst daraus weder den Agenten der allmächtigen Wirtschaft noch gar deren Struktur und Bestand. Auch auf den Staat zu hoffen erweist sich schnell als eitel. Hochhuth zeigt, wie sehr der Staat ins Wirtschaftsgetriebe verflochten ist und wie seine Arbeitsmarktpraxis täglich die vorgeblichen Ziele seiner Arbeitsmarkt- und Beschäftigungspolitik desavouiert. Tatsächlich (und das ist die hinterhältigste und wirksamste Methode) sind auch die Opfer längst zu Komplizen umgedreht worden. Eingesperrt in seine Privatheit (die die modernen Medien ebenso wie das Theater ihm zum quasiöffentlichen Raum ausgeweitet haben), ist dem Bürger die Teilnahme am politischen Leben als dem allen gemeinsamen öffentlichen Raum längst so suspekt geworden, daß er liest, aber nicht begreift, sieht, aber nicht wahrnimmt, erfährt, aber nicht erkennt. Die bürgerliche Welt, die Welt einer gemeinsamen und gleichen Zivilgesellschaft, ist verschwunden, und so ist jene Situation entstanden, in der wir von den Zuständen jenseits unserer privaten Verhältnisse wissen, doch sie berühren uns nicht mehr. Daß McKinsey und seine Auftraggeber kein Interesse daran haben, diese absurde Lage zu verändern, versteht sich; daß die Literatur, daß die Bühne sich zu ihren Handlangern macht, ist die deprimierendste Einsicht aus dem Verfall des Politischen.

Doch wirklich total ist kein Totalitarismus, auch der wirtschaftliche nicht, und der immer wieder entzündbare Funke der Aufklärung, daß auch die komfortabelste Isolierzelle auf Dauer nicht ruhigstellt, brennt in den Unruhe stiftenden Dramen Rolf Hochhuths, auch da, wo sie sich mit geschichtlichen Stoffen beschäftigen. »Denn was geschieht, nicht: was geschehen ist – also Politik, nicht Geschichte –, ist dramatisch, auch wenn das Gewand der Historie, also *Distanz, zuweilen,* doch sehr selten drastischer verdeutlichen kann, was uns gegenwärtig bedroht, als ein Bild der Gegenwart.« In diesem Sinne gehören das Molière- und das McKinsey-Stück zusammen. Denn die Bedrohung des Dramatikers, der dennoch sagt und sehen läßt, was andere nicht mehr sagen und sehen können (oder dürfen), ist eine Invariante in der Entwicklung des politischen Dramas seit dem ›Fall von Milet‹ und den ›Persern‹. Wobei die Mittel sich natürlich verändert, verfeinert haben. Wenn das Publikum und die Macher seines

Theaters zu Nichthörenden und Nichtsehenden geworden sind, steht der Dramatiker allein auf weiter Flur. Der Vorwurf an Hochhuths Adresse, dramatisch eben seien seine Stücke nicht, daher schwer oder gar nicht aufführbar, orientiert sich an einem Dramen- und Handlungsbegriff, der Actionfilm und Showbusiness entstammt, aber nicht der Literatur und dem politischen Bedürfnis nach wechselseitiger Versicherung in gemeinsamer Beratung, um den strittigen Fall zur Entscheidung zu bringen. Die Veränderungen im Begriff des Dramatischen selbst, wie er der antiken Tragödie, aber auch noch Lessing, Schiller, sogar Brecht zur Orientierung diente, gehören zu den kulturellen Strategien der beschriebenen Desensibilisierung. Das Drama als Medium politischer Rationalität: wie anders könnte es sich vollkommener verwirklichen, als daß es Handlungssituationen in einen Kampf der Meinungen, in einen Streit der Argumente versetzt?

Das wahrhaft politische Drama war niemals etwas anderes als politische Rede im dramatischen Dialog und in diesem Sinne Medium eines auf die Zukunft bezogenen Handelns. Mit welcher Leidenschaft sich auf dem derart rhetorisch ausgerichteten Schauplatz der Bühne der Kampf der Standpunkte entwickelt, wie wirkungsvoll, weil Verstand und Emotionen gleichermaßen in Bewegung setzend, die rednerische Erprobung gegensätzlicher Handlungsmöglichkeiten sein kann, zeigt die Geschichte des antiken Dramas bis heute, in dessen Fluchtlinie Hochhuth seine eigene Dramenkonzeption entwickelt hat. Es könnte eine eigene Herausforderung des Theaters sein (wenn es noch oder wieder einmal als Institution von Öffentlichkeit funktionierte), gerade jene Fülle an Stoff und Welt, die der Autor des ›Stellvertreters‹, der ›Wessis in Weimar‹, der ›Soldaten‹ ausbreitet (sei es als Regieanmerkung, die sich zur Strafrede ausweitet, sei es als Zitaten-

Anthologie zu Beginn des Stückes oder vom Autor als Dramenfigur präsentiert, sei es schließlich als dokumentarischer Anhang), in den dramatischen Dialog hineinzunehmen. Der unverkümmerten szenischen Phantasie sind dafür schließlich keine Grenzen gesetzt, vom antiken Chor bis zu Brechts Transparenten, vom ›Prolog im Himmel‹ bis zu den gängig gewordenen Video-Einspielungen gibt es Modelle genug. Nein – Unspielbarkeit ist kein Argument, sondern das Armutszeugnis derer, die es gebrauchen. Die weitverbreitete Überzeugung vom Bankrott der Politik und der Unbeeinflußbarkeit der öffentlichen Dinge durch den Bürger ist grundsätzlich mit den »Brettern, die die Welt bedeuten«, unvereinbar, ihr Platz ist der öffentliche Raum, die gemeinsame Welt. Wird die Bühne zum Ausstellungsort des in seine Privatheit verkapselten einzelnen reduziert, dann hat sie sich auch in die Beliebigkeit ihrer Gegenstände aufgelöst, über die nicht einmal ein Streit mehr möglich ist. Kein Zweifel, daß die Literatur, daß auch das Drama auf diesem Wege der Selbstzerstörung weit fortgeschritten sind; kein Zweifel aber auch, daß angesichts der Bedrohung durch ökonomischen Totalitarismus unser aller freies und geistiges Weiterleben in hohem Maße von der politischen Rekonstruktion des Theaters abhängt.

Erich Loest im dtv

»Lest Loest, und ihr wißt mehr über Leipzig
und wie alles gekommen ist.«
Armin Eichholz

Zwiebelmuster
Roman
ISBN 3-423-10919-X
»Dieser Roman erweist einmal mehr die Stärke Loests, Alltag pointiert in Szene zu setzen.« (Deutsches Allgemeines Sonntagsblatt)

Froschkonzert
Roman
ISBN 3-423-11241-7
Satire auf bundesdeutsche Krähwinkelei. »Es gibt nur wenige Zeitromane, die so viel Lesevergnügen bereiten.« (tz, München)

Durch die Erde ein Riß
Ein Lebenslauf
ISBN 3-423-11318-9
Erich Loests Autobiographie – ein deutscher Lebenslauf von exemplarischem Rang.

Wälder, weit wie das Meer
Reisebilder
ISBN 3-423-11507-6

Nikolaikirche
Roman
ISBN 3-423-12448-2
Chronik einer Leipziger Familie. Ein Wende-Roman.

Völkerschlachtdenkmal
Roman
ISBN 3-423-12533-0
Glanz und Elend der Stadt Leipzig – ein Parforceritt durch die Historie Sachsens. »Listig ausgedacht, kunstvoll aufgebaut und witzig formuliert.« (Deutsches Allgemeines Sonntagsblatt)

Gute Genossen
Erzählung, naturtrüb
ISBN 3-423-12861-5
»Man taucht in den Mief des Parteibonzen-Regimes ein – und versteht plötzlich, warum die Menschen diese seltsame Welt ertrugen und auch ihre kleinen Zukunftshoffnungen darauf bauten.« (Nürnberger Zeitung)

Es geht seinen Gang oder Mühen in unserer Ebene
Roman
ISBN 3-423-13014-8
Ein Mann verweigert sich dem Leistungsdruck in Gesellschaft und Familie. DDR-Roman.

Max von der Grün im dtv

»Max von der Grün kennt die Leute, die er beschreibt, er weiß, wie sie reden, was sie denken, er hat mit ihnen gelebt und vermag sie mit sicherem Griff darzustellen ...«
Hans Albert Walter in der ›Zeit‹

Männer in zweifacher Nacht
Roman
ISBN 3-423-11829-6
Als Werkstudent auf einer Zeche im Ruhrgebiet.

Stellenweise Glatteis
Roman
ISBN 3-423-11830-X
Ein Arbeiter in einem Dortmunder Betrieb deckt einen Abhörskandal auf ...

Leben im gelobten Land
Ausländer in Deutschland
ISBN 3-423-11926-8
Menschen verschiedener Nationalitäten, die in Deutschland arbeiten, erzählen von ihrem Leben, von ihren Erwartungen und Enttäuschungen.

Fahrt in den Morgen
Erzählungen
ISBN 3-423-11994-2

Zwei Briefe an Pospischiel
Roman
ISBN 3-423-11996-9
Paul Pospischiel, Arbeiter in einem Dortmunder Elektrizitätswerk, erhält einen Brief von seiner Mutter, der existenzbedrohende Folgen hat.

Wie war das eigentlich?
Kindheit und Jugend im Dritten Reich
ISBN 3-423-12098-3
Max von der Grün, Jahrgang 1926, erzählt seine Jugendgeschichte, die Geschichte seiner Familie und darüber hinaus die Geschichte einer Epoche totalitärer Herrschaft.

Die Lawine
Roman
ISBN 3-423-12149-1
Ein Toter und ein Testament, das ohne Beispiel in der bundesdeutschen Unternehmensgeschichte ist ...

Späte Liebe
Erzählung
dtv großdruck
ISBN 3-423-25155-7
Kann man sich mit siebzig noch verlieben?